mandelbaum *verlag*

Camilla Hirsch

TAGEBUCH AUS THERESIENSTADT

herausgegeben von Beit Theresienstadt

mandelbaum *verlag*

Gefördert durch
Nationalfonds der Republik Österreich
Zukunftsfonds der Republik Österreich

www.mandelbaum.at

ISBN 978-3-85476-498-4

Lektorat: Tanja Gausterer
Satz: Kevin Mitrega
Umschlaggestaltung: Michael Baiculescu
Umschlagbild: Beit Theresienstadt
Druck: Primerate, Budapest

INHALT

VORWORT

»Es schwebt der Inhalt meines Lebens
in bunten Reihen herb und mild
an dem Grenzpunkt meines Strebens
mir vorbei wie Traumgebild…«

Wie das Tagebuch von Camilla Hirsch zu uns ins Haus kam, wissen wir nicht. Wir können nur Vermutungen anstellen: Im Jahr 2000 befasste ich, Ruth Elkabets, mich im Rahmen eines Kurses zur Geschichte Israels mit der Einwanderung unserer Mutter nach Erez Israel im Oktober 1942. Zu dieser Zeit war der Zweite Weltkrieg auf seinem Höhepunkt. Von Holland fuhr sie mit dem Zug durch das gesamte besetzte Europa bis nach Palästina. Um diese besondere Geschichte aufzuzeichnen, die vom Gefangenenaustausch von Templern aus Palästina mit britischen Bürgern, die sich aus diversen Gründen in dem besetzten Europa wiederfanden, erzählt, suchte ich nach Dokumenten, Briefen und Bildern.

Ich stand hoch oben auf einer Leiter und holte aus dem obersten Teil eines Schrankes alles herunter, was mir in die Hände fiel. Kartons mit Fotografien, Briefumschläge und Dokumentenbündel. Dann setzte ich mich zum Sortieren auf den Boden. Dabei fand ich zwei blaue Hefte, die eng mit einem deutschsprachigen Text beschrieben waren.

Obwohl meine Schwester Miriam und ich deutsch lesen können, konnte ich die Handschrift nicht entziffern. Ich brachte die Hefte meiner Mutter, die wegen ihrer schweren Erkrankung an Multipler Sklerose im Rollstuhl saß, und bat sie, mir zu erklären, was das für Hefte sind und ob der Inhalt zum Thema passt, mit dem ich mich befasse.

Ich kehrte zurück in den anderen Raum, um weiter auszusortieren. Da lange Zeit keine Antwort von Mutter kam, ging ich zurück, um nachzusehen, ob mit ihr alles in Ordnung war. Ihr Gesicht war kreidebleich. Sie war ganz erstaunt über die zwei Hefte, die ich ihr in den Schoß gelegt hatte. Sie konnte nur mit Mühe sprechen und erklärte mir, dass dies ein Tagebuch von Großvaters Schwester sei, das in Theresienstadt geschrieben wurde. Sie habe selbst nichts davon gewusst und keine Ahnung, wie das Tagebuch zu uns kam. Unseren Vater, der 1980 verstorben war, konnten wir nicht mehr fragen.

Trotz ihrer schweren Behinderung beschloss meine Mutter, den Text des Tagebuchs in den Computer einzugeben, damit wir ihn lesen können. Noam, einer unserer Söhne, brachte es ihr bei. Das Tippen fiel ihr sehr schwer, aber sie gab nicht auf. Jeden Morgen schoben wir sie im Rollstuhl an den Computer, und sie tippte mit einem Finger, als sei dies die wichtigste Aufgabe ihres Lebens.

Danach geschah erst einmal nichts mit dem Tagebuch. Es lag nutzlos herum. Für meine Arbeit war es irrelevant, und auf die Idee, dass sein Inhalt für die Öffentlichkeit von Interesse sein könnte, kamen wir nicht.

Am 9. November 2009, im Rahmen einer Gedenkveranstaltung zur Reichspogromnacht, die von der »Vereinigung der Israelis mitteleuropäischer Herkunft« in Beit Theresienstadt organisiert wurde, zeigten Miriam und ich die Hefte Herrn Oded Breda, dem damaligen Direktor von Beit Theresienstadt, der uns bat, sie ihm dazulassen. Einige Wochen später erhielten wir eine begeisterte Rückmeldung mit der Bitte, das Tagebuch ins Hebräische übersetzen und veröffentlichen zu dürfen.

Erst nach Mutters Tod fanden wir die Zeit, weitere Unterlagen durchzusehen, die wir im Schrank gefunden hatten. Unter den Dokumenten und Briefen, die teilweise bis ins Jahr 1735 zurückreichten, entdeckten wir auch die Geschichte von Josef Wolf (Vater unseres Großvaters Siegfried und von Camilla), der an seinem 85. Geburtstag am 17. März 1920 beschlossen hatte, die Annalen der Familie für die kommenden Generationen festzuhalten. Im Vorwort, das in Reimen gehalten ist, schrieb er:

»Es schwebt der Inhalt meines Lebens in bunten Reihen herb und mild
an dem Grenzpunkt meines Strebens mir vorbei wie Traumgebild.
Nicht Großes hab ich zu berichten, bescheiden war mein Lebensgang.
Treu erfüllt ich meine Pflichten, bis Erfolg ich mir errang.
In diesen Zeilen hab's beschrieben wie's Gedächtnis es mir beut.
Zur Erinnerung meinen Lieben sind diese Blätter nur geweiht.«

Aus den Aufzeichnungen ging hervor, dass der Ursprung der Familie in Böhmen liegt, eine ehrenhafte jüdische Familie, die über Generationen hinweg um ihre Existenz kämpfte. Camilla kam am 4. Mai 1869 in Prag als Tochter von Josef und Julie Wolf, geborene Pick, zur Welt. Bereits am 19. Dezember 1867 wurde Siegfried, unser Großvater väterlicherseits, geboren. 1871 folgte die Tochter Irma, die im Alter von zwei Jahren verstarb. Das Nesthäkchen Anna wurde schließlich am 5. Juni 1881 geboren (sie wird im Tagebuch erwähnt).

Camilla lebte die meiste Zeit ihres Lebens in Wien. Sie war – wie Josef Wolf in seinem Tagebuch schreibt – unglücklich in ihrer Ehe mit Heinrich Frank und ließ sich von ihm scheiden. Aus dieser Ehe ging ihr einziger Sohn Robert-Alexander hervor, um den sich Camilla in ihrem Tagebuch häufig sorgt. Sie heiratete ein weiteres Mal. Ihr zweiter Mann war Anton-Abraham Hirsch, dessen Nachnamen sie bis an ihr Lebensende trug. Robert und seine Frau Grete (Margarethe) überlebten den Holocaust in einem KZ in Ungarn. Sie kehrten nach Kriegsende nach Wien zurück und lebten dort bis zu ihrem Tod. Robert war reisender Vertreter einer schweizerischen Uhren- und Spieluhrenfirma. Das Ehepaar blieb kinderlos.

Als wir beschlossen, das Tagebuch zu veröffentlichen, stellten wir Nachforschungen über Camilla Hirsch und andere in den Aufzeichnungen erwähnte Personen an. Wir wandten uns an die Jüdische Gemeinde von Lugano, wo Camilla begraben liegt. Der dortige Rabbiner Yaakov Kantor fand ihr Grab, auf dem ihr Todesdatum steht: 29. Juni 1948. Dieses späte Datum gab uns zu denken: Was war zwischen 1945, dem Jahr, in dem das Tagebuch endet, bis zu ihrem Tod 1948 geschehen?

Wir ersuchten Herrn Rolf Halonbrenner, Mitglied des Schweizerischen Israelischen Gemeindebundes in Zürich, der uns bereits einige Jahre zuvor bei einer Familienangelegenheit unterstützt hatte, uns an die passenden Ämter weiterzuvermitteln, die uns über Wohnort und Tätigkeit Camilla Hirschs in den Jahren 1946 bis 1948 Auskunft geben könnten.

Das Archiv für Zeitgeschichte in Zürich und das Schweizerische Bundesarchiv in Bern informierte uns, dass sich einige Dokumente in ihrem Besitz befänden, die ein wenig Licht in das geheimnisvolle Leben Camilla Hirschs in diesen Jahren bringen. Aus den Schriftstücken ging hervor, dass Camilla am 29. Juni 1945 aus dem Flüchtlingsheim Hoheneck in Engelberg ein erregtes und gleichzeitig anrührendes Schreiben an den Verband Schweizerischer Jüdischer Flüchtlingshilfen (V.S.J.F.) richtete, in dem sie um Unterstützung bei der Suche nach ihrem Sohn Robert und seiner Frau Grete, von denen sie seit über einem Jahr kein Lebenszeichen mehr erhalten hatte, bat. Der V.S.J.F. teilte ihr am 22. Januar 1946 mit, dass Robert und Grete einige Wochen davor aus dem KZ in Ungarn an ihren ursprünglichen Wohnort in Wien zurückgekehrt waren. Bereits im August 1945 beantragte Camilla beim Palästinaamt in Genf ein Einreisevisum, um sich zu ihrem Bruder Siegfried in Haifa zu gesellen. Informationen, wie mit dem Antrag verfahren wurde, haben wir nicht.

Von Engelberg wechselte Camilla in ein anderes Flüchtlingsheim in Monte Brè in Lugano. Alle paar Monate verlängerte das schweizerische Ordnungsamt ihre Aufenthaltserlaubnis und genehmigte ihr Bewegungsfreiheit. Andere Dokumente belegen, dass Camillas Gesundheitszustand sich kontinuierlich verschlechterte. Wir nehmen an, dass sie deshalb am 16. Juni 1947 einen offiziellen Antrag an die schweizerischen Behörden auf Dauerasyl stellte. Sie begründete ihren Antrag damit, dass sie wegen ihres hohen Alters ihren Wohnsitz nicht mehr wechseln könne. Nach Wien wollte sie wegen des vielen Leids, das ihr während der Nazizeit widerfahren war, auf keinen Fall zurückkehren. Am 4. November 1947 erhielt sie die gewünschte Erlaubnis sowie eine Verpflichtungserklärung des V.S.J.F., für ihren Lebensunterhalt und ihre Krankenversorgung aufzukommen.

Als das Flüchtlingsheim geschlossen wurde, wurde sie zusammen mit einer anderen Frau in das Altersheim Villa Elisa verlegt, wo sie bis zu ihrem Tod lebte. Camilla Hirsch verstarb am 29. Juni 1948 im Italienischen Krankenhaus in Lugano. Sie litt infolge der unerträglichen Lebensbedingungen in Theresienstadt an Bronchialasthma und starb an einer kardialen Lungenstauung. In ihrem Testament ordnete sie an, dass ihr »Besitz« (zwei Armbanduhren, ein Füller, eine Brosche und eine kleine Summe Bargeld) ihrem Sohn in Wien übergeben werden solle. Das Bargeld reichte kaum für die Versandkosten.

Um weitere persönliche Informationen über Camilla und ihre Familie zu erhalten, wandten wir uns an die Israelitische Kultusgemeinde Wien. Von Herrn Wolf-Erich Eckstein erfuhren wir unter anderem, dass Camilla vor dem Holocaust Inhaberin eines Schreibbüros in Wien war und sich als Amateurschriftstellerin betätigte. Dass sie Kindergeschichten schrieb und Auszüge aus ihren Aufzeichnungen in der Schweizer Presse veröffentlichen konnte, geht aus dem Tagebuch hervor. Zwei von ihr verfasste Bücher mit Kurzgeschichten für Erwachsene fanden wir zu Hause. Die Bücher sind ihrem Bruder Siegfried und dessen Frau Ida zur Erinnerung gewidmet. Sie sind mit Schreibmaschine geschrieben und wurden von Camillas eigenem Schreibbüro veröffentlicht. Die Geschichten sind spannend und humorvoll, mit viel Scharfsinn und Kritik.

Als sie in das Konzentrationslager kam, gab es deshalb wohl nichts Natürlicheres für Camilla, als ihr Leben zu dokumentieren. Mit kritischem Blick nahm sie ihre Umgebung wahr und erfasste sofort die Lage. Sie verstand und analysierte die Fakten. Dabei verbot sie der Traurigkeit, Oberhand über ihre Stimmung zu gewinnen, und kämpfte um ihr Überleben, um sich den Traum vom Wiedersehen mit ihren Kindern zu erfüllen.

Ähnlich wie ihr Vater Josef Wolf widmete sie die Blätter ihres Tagebuchs den künftigen Generationen zur ewigen Erinnerung an die qualvollen, grauenhaften Tage, zur ewigen Erinnerung an eine überaus starke Frau, die trotz ihres hohen Alters (sie kam mit 73 Jahren nach Theresienstadt) und ihrer schweren Leiden in der Gefangenschaft niemals nachgab und die Hoffnung nicht verlor.

Als Überlebende und Zeitzeugen einer der schrecklichsten Epochen der menschlichen Geschichte gründeten unsere Eltern ihre Familie in vergleichsweise fortgeschrittenem Alter. Sie schenkten uns – Ruth (geb. 1946) und Miriam (geb. 1947) – das geliebte und wärmste Elternhaus, das man sich vorstellen kann. Eltern, die uns großzogen, hegten und pflegten und uns die höchsten moralischen Werte vorlebten und vermittelten.

Unser Vater Franz-Karl Wolf (1906–1980) wurde in Wien geboren und blieb seinen Eltern als einziges Kind erhalten, da seine jüngeren Schwestern im Kindesalter verstarben und sein älterer Bruder als Bergsteiger zusammen mit einem befreundeten Paar beim Erklimmen des Jungfraujochs in der Schweiz mit erst 23 Jahren ums Leben kam. Vater war Zionist, besuchte 1934 das damalige Palästina und wollte dort bleiben. Auf Drängen seiner unglücklichen Eltern, die Angst hatten, auch noch ihren letzten Sohn zu verlieren, kehrte er nach Wien zurück. Nachdem er kurz nach dem »Anschluss« gezwungen wurde, die Stadtpflaster zu scheuern, gaben ihm seine Eltern ihren Segen, und er reiste 1938 über die Schweiz wieder nach Palästina. Einige Monate später gelang es ihm, seine Eltern nachzuholen.

Unsere Mutter Margit, geborene Lichtenstern (1911–2004), kam in Witkowitz (Tschechoslowakei) zur Welt. Die Familie zog nach Wien, als sie ein Jahr alt war. Sie wuchs mit ihrem sechs Jahre älteren Bruder und ihrer Halbschwester auf, die sechzehn Jahre älter war und von ihrem Vater in die Ehe mitgebracht worden war. Trotz des großen

Altersunterschiedes fühlten sich die Geschwister eng verbunden. Ende Juni 1938 zog Mutter nach Holland. Ihr Bruder Leo war schon dort und half ihr, seiner großen Schwester Wilma mit ihrer kleinen siebenjährigen Tochter sowie den alten Eltern bei der Flucht nach Holland. Ein Teil der Familie überlebte, ein anderer Teil wurde im Holocaust vernichtet. Großvater starb 1943 in Auschwitz. Wilma starb wenige Tage vor Kriegsende im KZ Bergen-Belsen an Typhus. Unsere Großmutter überlebte und wanderte im April 1946 nach Palästina ein, wo sie bis zu ihrem letzten Tag bei uns im Haus lebte. Das Mädchen Edna (Hedi), die den Holocaust überstand, aber als Waise verblieben war, gelangte im Dezember 1947 nach Palästina. Unsere Eltern nahmen sie in unsere Familie auf. Sie blieb bei uns, bis sie heiratete und ihre eigene Familie gründete. Als wir geboren wurden, waren wir schon eine Großfamilie.

Wir sind kein typisches Beispiel für die Folgegeneration Holocaust-Überlebender. Der Holocaust war nicht das wichtigste Thema, über das zu Hause gesprochen wurde, aber er wurde auch nicht totgeschwiegen. Die Geschichten von Mutter, Onkel Leo (der in Holland geblieben war und dort eine Familie gegründet hatte), Oma, von Edna und dem bitteren Schicksal ihrer Eltern waren Gesprächsthemen in unserer Familie.

Über Vaters Familie, in der »alle« (er und seine Eltern) überlebten, wurde kaum gesprochen. Über entfernte Verwandte wussten wir nur sehr wenig. Mit einigen davon, die nach Australien ausgewandert waren, entstand Jahre später ein Briefwechsel. Sie stammten aus dem »Südfeld«-Zweig (der Familie von Vaters Mutter). Von der Familie Wolf kannten wir den Erzählungen nach nur zwei Personen, die unser Vater bewunderte: seinen Vater und seinen Bruder.

Sein Vater Siegfried Reginald Wolf (1867–1951) war ein bekannter Schachspieler, der von 1890 bis Anfang der 1930er-Jahre an Spitzenturnieren teilnahm. 1925 war er österreichischer Landesmeister im Schach. Drei Mal repräsentierte er Österreich bei den Schacholympiaden: 1927 in London, 1928 in Haag und 1930 in Hamburg. Auch Großvater war Mitglied unserer Großfamilie und wohnte bis zu seinem Tod in unserem Haus.

Alfred, Vaters älterer Bruder, der beim Besteigen des Jungfraujochs ums Leben kam, war Mitglied des jüdischen Sportbundes Hakoah Wien, ein hochbegabter junger Mann, der trotz seiner jungen

Jahre ebenfalls ein bekannter Schachspieler in Österreich war. Über die anderen Familienmitglieder wurde niemals gesprochen.

Wie in vielen Familien nahm das Leben seinen Lauf. Wir waren sehr jung und sehr beschäftigt. Wir gründeten Familien, zogen unsere Kinder groß und fanden keine Zeit, um zu fragen und zu forschen. Im Sommer 1980 fuhren wir nach Europa. Wir planten, die Eltern in Zürich zu treffen und mit ihnen nach Wien zu fahren. Sie wollten uns die Stadt zeigen – eine wunderbare Gelegenheit für eine »Reise zu den Wurzeln«, um die Geschichten der Familie zu erzählen und sich an Vergessenes zu erinnern. Wir mieteten ein Auto und fuhren los. Wir sahen atemberaubende Landschaften, schliefen in den Zimmern winziger Pensionen in kleinen Dörfern und verbrachten einen wunderschönen Tag auf dem Großglockner, Vaters Lieblingsort. Am nächsten Tag, als wir weiterfuhren, starb er an einem Herzstillstand während der Fahrt im Auto, einfach so. Und nun gab es niemanden mehr, den wir fragen konnten.

Mutter blieb alleine, an den Rollstuhl gebunden. Ihr Zustand verschlechterte sich über die Jahre. Sie lebte zu Hause, im Schoße der Familie, in Liebe eingehüllt und Liebe schenkend. Zu unserem Glück waren wir Schwestern in der Lage, sie zu pflegen. Es war uns vergönnt. Mutter starb im Juni 2004.

Diese Einführung ist unseren teuren Eltern gewidmet. Möge ihr beider Andenken gesegnet sein.

Ruth Elkabets, geborene Wolf
Miriam Prager, geborene Wolf

Margalit Shlain[1]

Österreichs Judentum
Das letzte Kapitel (1938–1945)

Nach dem Ende des Ersten Weltkrieges und dem Zusammenbruch der Österreichisch-Ungarischen Monarchie erreichte die Zahl der Juden im Jahr 1918 mit 250.000 einen neuen Höchststand. Insbesondere aus den ehemaligen Provinzen Galizien und der Bukowina waren zahlreiche jüdische Flüchtlinge in die Erste Österreichische Republik eingewandert. Doch die Verbitterung über die militärische Niederlage sowie die anschließenden politischen Unruhen bildeten den Nährboden für eine nun verstärkt einsetzende antisemitische Propaganda, die vor allem die Juden aus Osteuropa für Missstände jeglicher Art verantwortlich machte. Gerade die Ende der 1920er-Jahre beginnende Weltwirtschaftskrise verstärkte diese bereits bestehenden Ressentiments. Deshalb sank die Zahl der österreichischen Juden bis zum Jahr 1934 auf 191.458 und damit 9,4% der Gesamtbevölkerung. Mit rund 176.000 (etwa 92%) lebte die absolute Mehrheit von ihnen in der Hauptstadt Wien.[2]

Nach dem Mord an Bundeskanzler Engelbert Dollfuß am 25. Juli 1934 verschlechterte sich ihre Situation. Denn während der Amtszeit seines Nachfolgers Kurt Schuschnigg gewann der Faschismus in Österreich dramatisch an Einfluss, was zu einer sukzessiven Einschränkung der Handlungsfreiheit jüdischer Organisationen führte. Emi-

1 Dr. Margalit Shlain ist Historikerin mit den Forschungsschwerpunkten Holocaust, dem Ghetto Theresienstadt sowie der Geschichte der Juden in Mitteleuropa. Sie ist akademische Beraterin des Beit Theresienstadt Museums, Givat Haim (Ihud), Israel.

2 Die Zahlen in diesem Artikel basieren auf: Herbert Rosenkranz: Österreich. In: Entsiklopedja shel ha-shoa [Die Enzyklopädie der Shoah]. Hg. von Yisrael Gutman u. a. Yad Vashem 1990, Bd. 1, S. 24–28 sowie Herbert Rosenkranz: The Anschluß and the Tragedy of Austrian Jewry 1938–1945. In: The Jews of Austria. Essays on their Life, History and Destruction. Hg. von Josef Fraenkel. London 1967, S. 479–546.

grationsbedingt lebten im Jahr 1938 deshalb nur noch 185.246 Juden in Österreich.

Der Einmarsch der deutschen Wehrmacht am 12. März 1938 sowie der am folgenden Tag bekannt gegebene »Anschluss« Österreichs an das Deutsche Reich bildeten den Auftakt für zahlreiche gewalttätige Ausschreitungen gegen Juden. Plünderungen und Massenverhaftungen jüdischer Männer waren nunmehr an der Tagesordnung. Darüber hinaus traten Verordnungen und Erlässe in Kraft, die auf eine Diskriminierung von Juden und ihren völligen Ausschluss aus dem öffentlichen, kulturellen und wirtschaftlichen Leben abzielten.

Schon am 18. März 1938 traf Adolf Eichmann – damaliger Beauftragter für Judenfragen des Sicherheitsdienstes des Reichsführers-SS in Berlin – in Wien ein, um die deutschen Richtlinien der antisemitischen Politik neu zu definieren und die Auswanderung von Juden zu forcieren. Zur besseren Steuerung und Überwachung etablierte er deshalb am 26. August 1938 die »Zentralstelle für jüdische Auswanderung«, die alle Vorgänge im Zusammenhang mit der Ausweisungspolitik koordinierte, wobei von Anfang an auch auf Gewalt und massive Repressalien als Mittel gesetzt wurde. Diese Dienststelle der SS bestimmte fortan das Leben der Juden in Österreich, die aufgrund eines Befehls nun alle der Jüdischen Gemeinde Wiens angehörten.

Insbesondere im Rahmen der Ausschreitungen anlässlich der Reichspogromnacht (»Kristallnacht«) im November 1938 wurden auf Befehl Eichmanns tausende jüdische Männer verhaftet und in die Konzentrationslager verschleppt, um so die Auswanderung zu beschleunigen. Ihre Angehörigen, Frauen und Mütter, waren nunmehr gezwungen, jede sich nur bietende Option einer Flucht aus Österreich wahrzunehmen und auch die mitunter erheblichen Kosten dafür selbst aufzubringen. Dabei wurden Familien auseinandergerissen sowie alte Menschen, Frauen und Kinder oft mittellos zurückgelassen. Allein die Zahl der Alten und Kranken, die ab nun von der Wiener Gemeinde versorgt werden mussten, stieg auf über 25.000. Gleichzeitig erhöhte sich auch die Anzahl der zurückgelassenen Kinder.

Die gesetzlichen Verordnungen, die gegen Juden erlassen wurden, zielten darauf ab, den Druck weiter zu erhöhen und die Auswanderung zu beschleunigen. Die Behörden gingen dabei sehr systematisch vor und machten die Juden zu mittellosen Flüchtlingen, indem sie oftmals horrende Summen für die notwendigen Ausreisegenehmigungen verlangten und das Eigentum dieser Menschen beschlagnahmten. Detailliert beschrieben wurden diese Zwangsmassnahmen von Dr. Franz Eliezer Meyer – einem Mitglied der »Reichsvertretung der Juden in Deutschland«, der auf Befehl Eichmanns nach Wien reisen musste – beim Eichmann-Prozesses in Jerusalem im Jahr 1961:

»Das ist wie eine automatisierte Fabrik, angenommen, wie eine Mühle, die mit einer Bäckerei in Verbindung ist. Auf der einen Seite steckt man einen Juden hinein, der Vermögen besitzt, und er hat, nehmen wir einmal an, einen Betrieb oder er besitzt ein Geschäft oder er hat ein Konto bei der Bank und er durchläuft das ganze Gebäude von Durchreiche zu Durchreiche, von Büro zu Büro. Auf der anderen Seite kommt er heraus und er hat kein Geld, er hat keine Rechte, sondern nur einen Pass, auf dem steht: Sie müssen innerhalb von zwei Wochen das Land verlassen. Wenn nicht – dann kommen Sie ins Konzentrationslager.«[3]

Eichmann forderte von der Jüdischen Gemeinde, ihm jeden Tag eine Liste mit den Namen von 500 Personen vorzulegen, die für die Auswanderung vorgesehen waren. Infolgedessen reduzierte sich die Zeit, die den Ausreisenden für die Vorbereitung ihrer Emigration blieb, auf maximal 48 Stunden. Danach hatten sie das Land zu verlassen. Auf diese Weise stieg die Auswanderung aus Österreich sprunghaft an. Die Finanzierung der erzwungenen Emigration basierte auf Zwangssteuern, die jedem Ausreisenden auferlegt wurden, sowie den finanziellen Mitteln, die das amerikanische Joint Distribution Committee und der in Großbritannien beheimatete Rat für das Deutsche Judentum zur Verfügung stellten. Diese Organisationen übernahmen die Kosten für die Ausreise sowie die Ausstattung der Flüchtlinge mit genügend liquiden Mitteln, die oftmals als Einreisekriterium in einem möglichen Aufnahmeland galten. Dies geschah aber nur unter der Voraussetzung, dass Eichmann die gleichen Beträge aus dem gesperrten Besitz der Wiener Gemeinde zur Unterstützung mittelloser Auswanderer sowie für soziale Belange freigab.

Der Druck und die Repressalien, die die »Zentralstelle für jüdische Auswanderung« auf Initiative Eichmanns hin ausübte, führten zu einem beschleunigten Prozess der Massenauswanderung. Dabei wurde jedes Land, das sich bereit erklärt hatte, Juden aufzunehmen, zur potenziellen Destination. Trotz aller Schwierigkeiten gelang es der Mehr-

3 Zeugenaussage von Dr. Franz Eliezer Meyer, dem Rechtsberater der israelischen Regierung gegen Adolf Eichmann. In: Eduyot [Der Eichmann-Prozess, Zeugenaussagen]. Jerusalem 1963, S. 109.

heit der Juden Österreichs, das Land noch rechtzeitig zu verlassen. Von den 185.246 Juden, die 1938 in Österreich lebten, schafften es mehr als 128.500 vor Beginn der Deportationen des Jahres 1941 auszuwandern.[4] Die Zurückgebliebenen wurden Opfer der im Rahmen der »Endlösung der Judenfrage Europas« betriebenen Vernichtungspolitik und nur einige wenige von ihnen erlebten die Befreiung.

Nach dem Ausbruch des Zweiten Weltkrieges im September 1939 unternahm die Jüdische Gemeinde in Wien alles, um die Existenz der rund 24.000 verbliebenen, zumeist alten und kranken Menschen, denen die Auswanderung nicht gelungen war, sowie weiterer 32.000 hilfsbedürftiger Juden zu sichern. Ihre Funktionäre bemühten sich, jüdischen Kindern, Frauen, Alten und Kranken, soweit es in ihrer Macht stand, zu helfen. Doch bereits im Oktober 1939 hatte Eichmann die Deportation von 1.584 jüdischen Männern in das Konzentrationslager von Nisko nahe der polnischen Stadt Lublin befohlen, das gemäß der Diktion der Nationalsozialisten als »Reservat der Juden« bezeichnet wurde. Etwa zehn Prozent dieser Menschen kehrten im April 1940 völlig mittellos nach Wien zurück.

Im Zeitraum zwischen Oktober 1939 und Februar 1941 gab es vorerst keine weiteren Deportationen von Juden aus Österreich. Dies war den Interventionen des Joint Distribution Committee zu verdanken. Eichmann verschob die Ausweisung unter der Bedingung, dass die 58.000 in Österreich verbliebenen Juden bis zum Juli 1940 das Land verlassen mussten. Dieser Termin wurde um mehrere Monate bis zum Februar 1941 verlängert. Doch die zunehmende Verelendung dieser Personengruppe sowie der Krieg engten die Emigrationsmöglichkeiten weiter massiv ein. Nur 2.000 Menschen gelang es noch, bis zum 23. Oktober 1941 Österreich zu verlassen und in ein anderes europäisches Land auszureisen. Danach wurde die jüdische Auswanderung generell untersagt.

4 Von den 128.500 geflohenen Juden emigrierten 55.505 in europäische Länder (30.850 gingen nach Großbritannien, weitere 15.000 wurden in den von den Nazis besetzten Staaten gefasst und in die Vernichtungslager deportiert). 28.700 gelangten nach Nordamerika, 11.580 nach Mittel- und Südamerika. 28.700 verließen Österreich nach Asien (davon 18.124 nach China und insbesondere Shanghai und 9.195 nach Palästina-Erez Israel), 1.880 nach Australien und Neuseeland sowie 644 nach Afrika. Die Zahl der Sterbefälle zwischen 1938 und dem 1. Januar 1941 betrug 7.891 gegenüber 461 Geburten. Vgl. H. Rosenkranz: Österreich (Anm. 2), S. 28 sowie The Anschluß and the Tragedy of Austrian Jewry 1938–1945 (Anm. 2), S. 514 u. 517.

Die Diskriminierungen und Verordnungen, die den in Wien verbliebenen Juden auferlegt wurden, verschärften ihre Situation weiter dramatisch. Manche Juden wurden bis zu sechs Mal aus ihren Unterkünften vertrieben und oftmals lebten mehrere Familien beengt in einer einzigen Wohnung. Aus Verzweiflung über ihre Lage begingen zahlreiche Juden Suizid. Am 1. Februar 1941 informierten Eichmann und sein engster Mitarbeiter in Österreich, Alois Brunner, den Amtsleiter der Wiener Gemeinde, Dr. Josef Löwenherz, über das sogenannte »Projekt der Umsiedlung« von 10.000 Juden in das Gebiet des Generalgouvernements im von Deutschland besetzten Polen, die von Mitte des Monats Februar bis zum Mai in zehn wöchentlichen Transporten erfolgen sollten.

Die »Zentralstelle für jüdische Auswanderung« befahl der Jüdischen Gemeinde in Wien, ihr die Namen all jener Familien zu nennen, die von der Sozialstelle Unterstützung erhielten. Auf Basis dieser Listen wurden die Transporte anschließend zusammengestellt. Drei Tage vor der Deportation nannte die »Zentralstelle für jüdische Auswanderung« der Gemeinde dann genau die Namen der Personen, die sich zum Abtransport in einer Sammelstelle einfinden sollten, die wiederum in einer jüdischen Schule eingerichtet war. Für ihre Verpflegung vor Ort und während des anschließenden Transports wurde die Gemeinde zwangsverpflichtet. Ebenso rekrutierte man Gemeindemitarbeiter, deren Aufgabe es war, die zur Deportation bestimmten Juden aus ihrer Wohnung abzuholen und zu der entsprechenden Sammelstelle zu bringen. Auf diese Weise wurden im Zeitraum zwischen dem 15. Februar und dem 12. März 1941 insgesamt 5.004 österreichische Juden in das Gebiet von Kielce (Kilza) in Polen verschleppt, von wo aus sie 1942 weiter in die Vernichtungslager Belzec (Belz) und Chelmno (Kulmhof) transportiert wurden.

Im Herbst 1941, als die Auswanderung schon nicht mehr möglich war, setzten die Massendeportationen von Juden aus Österreich ein. Allein Mitte Oktober 1941 wurden 5.002 von ihnen in das Ghetto von Lodz verschleppt und Ende November 1941 weitere 3.000 nach Riga und Minsk. Darunter befanden sich auch die Personen, die auf Befehl der Gestapo zuvor nach Nisko gebracht wurden. Ferner wurde die Gemeinde im Herbst 1941 dazu verpflichtet, einen rund 100 Mitglieder umfassenden jüdischen Ordnungsdienst ins Leben zu rufen, der bei der Organisation der Transporte helfen sollte. Wer sich nicht freiwillig im Sammellager einfand, wurde nun mit Gewalt von den Mitgliedern eines speziellen Kommandos abgeholt, das den Beinamen »Judenpolizei« (JUPO) erhielt, auf Befehl der SS eingerichtet wurde und ihr auch unterstand. Diese Sondertruppe setzte sich aus acht Wiener Juden zusammen und agierte gegen die Gemeinde, weil es ihre Aufgabe war, versteckte Personen aufzuspüren. Später, als die Angehörigen der JUPO selbst in Theresienstadt eintrafen, wurden sie dort verprügelt und direkt nach Auschwitz geschickt.

Nach der Wannseekonferenz vom 20. Januar 1942 in Berlin informierte Eichmann Löwenherz sowie Dr. Benjamin Murmelstein, den Leiter der Ausreiseabteilung der Jüdischen Gemeinde von Wien, dass nun alle noch in Österreich – nunmehr Ostmark genannt – verbliebenen Juden ausgesiedelt werden müssten. Zur Unterbringung von Alten, Kriegsversehrten und Trägern von Auszeichnungen aus dem Ersten Weltkrieg wurde das Ghetto Theresienstadt in Betracht gezogen. Nach dem Januar 1942 nahmen die Aussiedlungen eine andere Dimension an: Allein im Verlauf des Jahres 1942 wurden 32.721 Juden aus Wien deportiert. 3.222 davon wurden nach Riga verschleppt, 8.550 nach Minsk und 6.000 nach Izbica in den Distrikt von Lublin. Zwei Drittel waren Frauen und Kinder. In der zweiten Jahreshälfte kamen in Theresienstadt 13.926 Juden aus Österreich an, die Mehrheit von ihnen alte Menschen. Unter ihnen befanden sich auch Dr. Desider Friedmann, der ehemalige Präsident der Israelitischen Kultusgemeinde in Wien, sein Stellvertreter Ing. Robert Stricker sowie Aron Menczer, Direktor der Schule der Jugendaliyah in Wien, und Camilla Hirsch, die Verfasserin des Tagebuches.

Die »Zentralstelle für jüdische Auswanderung« stellte die Listen der zu deportierenden Menschen auf Basis der sich in ihrem Besitz befindlichen Personendaten zusammen. Diese erhielten dann per Post eine Mitteilung, wann genau sie sich an einer der Sammelstellen einzufinden hatten. Dort wurden ständig zwischen 2.000 und 3.000 Juden festgehalten, die eine Art Reserve darstellten und aus deren Mitte regelmäßig Personen ausgewählt wurden, die den Platz derjenigen einnehmen mussten, die von einem Transport freigestellt waren. Laut Murmelstein versuchte man dort, insbesondere Älteren und Kranken die Zeit bis zum Abtransport so erträglich wie möglich zu gestalten:

»Der jüdische Ordnungsdienst half den Evakuierten in den Wohnungen und Sammellagern, weil Brunner damit drohte, dass er andernfalls die SA einschalten werde. Alte und Kranke blieben allein in ihren Wohnungen zurück, und ich organisierte ihre Überführung in Ein-

richtungen, die sich um sie kümmerten. Meine Idee waren gemeinsame Wohnungen, da die Institutionen nicht ausreichten [nicht alle aufnehmen konnten]... Es gelang mir, den Transport von Alten und Kranken nach Theresienstadt aufzuschieben.«[5]

Im Oktober 1942 waren die großen Transporte aus Wien abgeschlossen, und im November 1942 befahl Hans Dellbrügge, der Regierungspräsident der Reichsstatthalterei Wien, die endgültige Liquidation der Jüdischen Gemeinde in Wien. Außerdem ordnete er die Übertragung des Restbesitzes der Gemeinde an die Auswanderungsfonds von Böhmen und Mähren an. Diese sollten die Lebenserhaltungskosten der aus Wien vertriebenen Juden während ihres Aufenthaltes in Theresienstadt abdecken.

In Österreich selbst lebten zu diesem Zeitpunkt nur noch rund 7.000 Juden, die Mehrheit von ihnen mit einem »arischen« Ehepartner. Alle Arbeitsfähigen wurden zur Zwangsarbeit herangezogen. Anstelle der aufgelösten Jüdischen Gemeinde in Wien trat am 13. Januar 1943 ein Ältestenrat, in dessen Zuständigkeitsbereich die jüdischen Krankenhäuser und Altersheime sowie die Versorgung Bedürftiger mit Nahrung und Unterkunft fielen. Zum Judenältesten und Vorsitzenden des Ältestenrates wurde Josef Löwenherz ernannt. In diesem Amt blieb er bis zum Ende des Krieges. Sein Stellvertreter Murmelstein aber wurde im Januar 1943 nach Theresienstadt deportiert, wo er zuerst als zweiter Stellvertreter des Judenältesten im Ghetto fungierte und nach dem 28. September 1944 als dritter Judenältester bis zu seinem Rücktritt am 5. Mai 1945, dem Vorabend der Befreiung. Die Deportationen aus Wien wurden in kleinerem Umfang so lange fortgesetzt, bis die Gemeinde quasi ganz verschwunden war. Das Kriegsende erlebten nur knapp 1.000 Juden, die fast alle in einer sogenannten Mischehe lebten.

Das Ghetto Theresienstadt, das vom 24. November 1941 bis zum 8. Mai 1945 bestand, wurde auf dem Gebiet des Protektorats Böhmen und Mähren eingerichtet und befand sich nur vordergründig unter einer »selbstständigen« jüdischen Verwaltung. In der Realität war es ein Sammel- und Durchgangslager auf dem Weg zur Vernichtung. Aus dem Protektorat selbst wurden in den Jahren seines Bestehens

5 Zeugenaussage Murmelsteins, Dokumente des gerichtlichen Verhörs von Dr. Benjamin Murmelstein in der Tschechoslowakei (Juli 1945–Januar 1947), Archiv des Distriktgerichts in Litomerice, Tschechien,Tk IX 1408/46, Dokument Nr. 41.

73.608 Juden dorthin deportiert. Laut Wannseekonferenz hatte Theresienstadt eine weitere Bestimmung, nämlich als Ghetto für alte jüdische Menschen sowie für prominente Juden aus Deutschland und Österreich zu dienen. In dem Zeitraum zwischen Juni 1942 und April 1945 wurden 42.969 Juden aus Deutschland und 15.264 Juden aus Österreich nach Theresienstadt verschleppt.

Bei der Zuteilung von Nahrungsmitteln wurden die Juden aus dem Reichsgebiet benachteiligt, weil sie im Durchschnitt bereits über 70 Jahre alt waren und deshalb für einen Arbeitseinsatz nicht mehr in Frage kamen (während nur 27 % der Juden aus dem Protektorat über 60 Jahre alt waren). Je schneller die Transporte mit älteren Juden aus Deutschland und Österreich im Ghetto eintrafen, desto größer wurden die Unterschiede in den Lebensmittelrationen, die an die beiden verschiedenen jüdischen Gruppen verteilt wurden. Die Entscheidung der Ghettoverwaltung, die Arbeitsfähigen bei der Versorgung zu bevorzugen und ihnen ab dem 17. Mai 1942 eine zusätzliche Ration Brot zu geben, die wiederum den Alten von ihrer Zuteilung abgezogen wurde, war dafür symptomatisch. Ältere und nicht arbeitsfähige Juden aus dem Reich erhielten deshalb die geringsten Rationen, litten besonders stark an Hunger und starben auch öfter an Unterernährung.

Aufgrund der sehr beengten Lebensbedingungen und den mangelhaften sanitären Einrichtungen war es den meisten unmöglich, auf Sauberkeit und Hygiene zu achten. Dies betraf wiederum vor allem die Älteren unter den Insassen. Durchfall und Parasiten breiteten sich aus, Seuchen gerieten außer Kontrolle, und die Todesfälle häuften sich. Jakob Edelstein, der erste Judenälteste im Ghetto Theresienstadt, zeigte sich nach einem Besuch der Unterkünfte für alte Menschen aus Deutschland und Österreich geschockt über die Zustände.

Er beauftragte daraufhin Mitglieder der zionistischen Bewegung »Hechalutz«,[6] sich – soweit es die Mittel im Ghetto zuließen – umge-

6 »Hechalutz« (Hebräisch für »Der Pionier«) war eine zionistische Bewegung jüdischer Jugendlicher, deren Ziel die Organisation der Einwanderung nach Erez Israel war. Die Bewegung nahm ihren Anfang mit spontanen Versammlungen in den 80er-Jahren des 19. Jahrhunderts und bestand bis zum Holocaust. Die Mitglieder des »Hechalutz«, die aus verschiedenen zionistischen Jugendorganisationen stammten, stellten die Vorstoßtruppe der Einwanderung, der Besiedlung von Erez Israel und der jüdischen Verteidigung in der Diaspora dar, unter anderem auch der Ghettos, in denen die Juden während des Zweiten Weltkrieges gesammelt wurden.

hend für eine Verbesserung der Situation zu sorgen. Dies war ein verzweifelter Versuch, ihnen ein Minimum an Menschenwürde zurückzugeben. Die Hilfsorganisation »Jad tomechet«,[7] ein Verband junger Juden aus dem Protektorat, versuchte die pflegebedürftigen und alten Menschen zu versorgen. Sie brachten ihnen das karge Essen aus der Küche, begleiteten sie auf dem Weg zu den Aborten, wuschen die Bettlägerigen, reinigten die ärmlichen Schlafstellen oder halfen beim Packen, wenn sie zum Transport gehen mussten. All das geschah unentgeltlich und auf Kosten der Freizeit dieser jungen Menschen. Dieses Engagement gilt bis zum heutigen Tag als ein Musterbeispiel jüdischer Solidarität.

Trotzdem war der Ältestenrat in Theresienstadt seit Juni 1942 immer wieder gezwungen, selbst Kandidaten für die Deportationen in den Osten zu bestimmen. Diese stammten zumeist aus den Reihen der Juden aus dem Protektorat, die im Ruf standen, die »Alteingesessenen« des Ghettos zu sein. Dagegen galten Juden aus Deutschland und Österreich aufgrund ihres Alters zumeist als privilegiert und waren davon ausgenommen. Diese »Alteingesessenen« beschuldigten die »Neuankömmlinge«, dass die »Stadt der Zuflucht«, die sie eingerichtet hatten, nunmehr zu einem Pflegeghetto für die geschützten Juden aus dem Reich mutiert sei, während Theresienstadt für sie nur eine Zwischenstation auf dem Weg nach Osten bedeutete.

Ein großer Teil der tschechischen Juden betrachtete Juden aus Deutschland und Österreich oftmals nicht als Schicksalsbrüder, sondern als Deutsche, die für ihre Situation mitverantwortlich seien. Auch die Tatsache, dass sie die Sprache der Unterdrücker sprachen, führte nicht selten zu einer Diskriminierung. Zusätzlich zu allen anderen Problemen hatten gerade ältere Menschen aus dem deutschsprachigen Raum Schwierigkeiten, mit den zumeist jüngeren tschechoslowakischen Juden zu kommunizieren, weil sie deren Sprache nicht beherrschten. Darüber hinaus gab es interkulturelle Differenzen, was nicht selten zu Missverständnissen und Spannungen führte. Dennoch gelang es vielen, im Laufe der Zeit einen Modus Vivendi zu finden und sich schließlich als eine Art Schicksalsgemeinschaft zu verstehen.

7 Im Rahmen des Projekts »Jad tomechet« (Hebräisch für »Die stützende Hand«) wurde im Ghetto Theresienstadt die schwächste Bevölkerungsgruppe, nämlich die der Alten, betreut. Mitglieder der verschiedenen Jugendbewegungen unterstützten die alten Menschen in allen Lebensbereichen.

Letztendlich wurde Theresienstadt doch kein »Altersghetto«. Mitte September 1942, als die größte Not herrschte und die Zahl der Insassen am höchsten war, befanden sich 58.491 Personen im Ghetto. Davon waren nur 57 % über 65 Jahre alt und gleichzeitig erreichten die Zustände ihren Höhepunkt an Leidensdruck und Chaos.[8] Wegen der katastrophalen Zustände wurde dem Antrag des Ghettokommandanten stattgegeben, für den Großteil der älteren Juden aus dem Reich den Schutz vor der Deportation aufzuheben. Deshalb wurden in den Tagen zwischen dem 19. und dem 29. September 1942 11.004 aus Deutschland und Österreich stammende Juden im Alter von über 65 Jahren in das Vernichtungslager von Treblinka und das Todeslager von Maly Trostinez deportiert. Davon überlebte nur ein einziger Mann. Im Oktober 1942 erfolgte ein weiterer Transport von 6.866 Juden im Alter von über 60 Jahren aus dem Protektorat nach Treblinka. Von all diesen Menschen kehrten nur zwei jüngere Begleitpersonen aus den Lagern lebend zurück.

Aufgrund der großen Transporte nach Auschwitz im Oktober 1944 verringerte sich die Zahl der Ghettoinsassen von 29.481 am 28. September auf nunmehr 11.068. Darunter befanden sich 4.046 ältere Menschen, die bis dahin von der Deportation ausgenommen waren. Der erfolgreiche Ansatz der Judenältesten sowie zahlreicher Häftlinge, Initiativen ins Leben zu rufen, die die Bedingungen in Theresienstadt im Rahmen der Möglichkeiten etwas »erträglicher« gestalten, führte dazu, dass die Deutschen im Zeitraum von Ende Dezember 1944 bis Mitte April 1945 weitere 8.613 Juden in das Ghetto schickten. Die Ankunft dieser Transporte veränderte die demografische Struktur nachhaltig, weil die Mehrheit von ihnen unter 40 Jahre alt war.[9]

8 Im Laufe des Monats September 1942 erreichten das Ghetto 18.638 Personen in 38 Transporten. Deshalb bestand aus der Perspektive der Deutschen die Notwendigkeit, acht Transporte für insgesamt 13.004 Menschen in den Osten zu organisieren. Zu diesem Zeitpunkt waren die Enge und die Hungersnot im Ghetto unbeschreiblich und führten im gleichen Monat zum Tod von 3.941 Ghettoinsassen. Täglich starben über 150 Menschen an Hunger, Krankheiten und Verzweiflung.

9 Etwa 5.200 Personen waren Juden, die aus sogenannten Mischehen stammten, 3.560 davon kamen aus Prag und der Rest aus Deutschland. 1.447 Juden kamen aus dem Konzentrationslager Sereď in der Slowakei und weitere 1.074 waren Juden aus Ungarn, die am 8. März 1945 nach schweren Entbehrungen aus Wien im Ghetto eintrafen. Zuvor hatten sie ein Jahr lang Zwangsarbeit in der Nähe von Wien und in Niederösterreich leisten müssen.

Mehr als 65.000 österreichische Juden wurden in den Ghettos und KZs ermordet. Nur 1.747 überlebten diese Lager und kehrten nach Kriegsende nach Österreich zurück. Von den 15.534 Juden, die von Wien nach Theresienstadt deportiert wurden, kamen 13.822 ums Leben. Sie starben an Krankheiten, Hunger oder wurden weiter in eines der Todeslager im Osten verschleppt. In Theresienstadt selbst erlebten nur 1.311 von ihnen den Tag der Befreiung.

Am 5. Februar 1945 verließen 153 österreichische Juden, die nach Theresienstadt verschleppt worden waren, das Ghetto mit einem Transport in die Freiheit und reisten in die Schweiz,[10] unter ihnen war auch Camilla Hirsch.

10 Für Details siehe den Artikel der Verfasserin: Transport in die Freiheit. Die Geschichte des Transports von 1.200 jüdischen Häftlingen aus Theresienstadt in die Schweiz am 5. Februar 1945, abrufbar auf der Website von Beit Theresienstadt (http://www.bterezin.org.il/) unter »Artikeln und Studien«.

Anita Tarsi

ÜBERLEBEN IN THERESIENSTADT

Literatur, Dokumentation und Forschung zum Ghetto Theresienstadt beschäftigen sich ausführlich mit der jüdischen Selbstverwaltung, dem Alltag der Insassen und der Arbeit im Ghetto. Auch über das künstlerische und kulturelle Leben sowie über die Kinder- und Jugendorganisationen gibt es zahlreiche Informationen. Sehr wenig wissen wir aber über das Leben der alten Menschen im Ghetto.

Gemälde, die im Ghetto entstanden sind, spiegeln die Situation der älteren Generation wider. Die Künstler unter den Gefangenen fanden in den alten Menschen ein fesselndes Thema für ihre Werke.[1] Auf den Bildern, die Hunger, Leid und Not darstellen, stehen die alten Menschen im Vordergrund, nicht so wie in anderen Ghettos, wo Qual und Tod besonders anhand von Kindern verewigt wurden.

Im Ghetto Theresienstadt hatten Kinder und Jugendliche oberste Priorität für die jüdische Führung,[2] während die Alten in größter Not waren. Die Gemälde zeigen den tragischen Verfall von Menschen, die in hohem Alter in unerträgliche Lebensbedingungen verschlagen wurden, in Einsamkeit und Isolation, ihrer gewohnten Umgebung und ihrer Familien entrissen. Der Verlust und die Notwendigkeit umzudenken und in den Bedingungen des Ghettos für das tägliche Überleben zu kämpfen, waren für alle Häftlinge schwer. Für die alten Menschen jedoch waren sie unerträglich. Die Gemälde dokumentieren ihren Alltag und ihre Lebensbedingungen im Ghetto. Aus ihren knochigen Gesichtern sprechen tiefe Traurigkeit und Einsamkeit, Leere, Verzweiflung, Hunger und Krankheit.[3]

1 Willi Grueg berichtete darüber 1996 in einem Interview, das ich im Rahmen einer Videodokumentation mit Shoa-Überlebenden an der Universität Yale mit ihm führte.

2 Die jüdische Führung tat ihr Möglichstes für die Verbesserung der Lage von Kindern und Jugendlichen, unter anderem durch eine winzige, aber lebenswichtige Erhöhung der Essensration.

3 Bei der Wannseekonferenz am 20. Januar 1942 entschied sich das Schicksal der Juden. Reinhard Heydrich bestimmte verschiedene Evakuierungsmodelle, die

Ein wenig mehr zum Alltag der alten Menschen im Ghetto erfahren wir aus den Kinder- und Jugendzeitschriften »Vedem«, »Kamerad« und »Rim Rim Rim« sowie aus den Aufsätzen des Malers und Dichters Dr. Karl Fleischmann. Darin werden die Alten in ihrer Hilflosigkeit und Schwäche dargestellt.[4] Die Verfasser empfanden wohl Mitleid, sahen aber gleichzeitig vor allem die Armseligkeit ihres Daseins. Besonders die jungen Menschen, die beobachten mussten, wie die Alten ihre Würde verloren, hilflos und unglücklich geworden waren, erlebten sie teilweise sogar als abstoßend. In den Texten zeigt sich nur wenig echte Anteilnahme, und es fehlt auch der Wille, in die Seelen der unglücklichen Menschen zu blicken. Was wir wahrnehmen, sind schablonenhafte Bilder, flach und eindimensional.

Zeugenberichte und Erinnerungen von Überlebenden gibt es in diesem Zusammenhang nur sehr wenige. Im Gegensatz dazu ist das Tagebuch von Camilla Hirsch ein seltener Beleg zur Dokumentation der Shoa.[5] Darin wird das Leben der alten Menschen im Ghetto aus erster Hand und in Echtzeit dargestellt. Die Charaktere und an erster Stelle die Gestalt der Verfasserin erhalten Tiefe und umfangreiche menschliche Dimensionen.[6]

Das Tagebuch umfasst den gesamten Zeitraum von Camillas Inhaftierung und weitere zehn Monate nach ihrer Befreiung. Es besteht aus zwei Heften mit blauem Umschlag und weißem Etikett: das ers-

nach Alter gestaffelt waren. Die Reichsjuden über 65 Jahre kamen nach Theresienstadt. Ursprünglich sollte Theresienstadt ein Altersghetto werden. Der Plan wurde zwar nicht in die Realität umgesetzt, aber die Anzahl der Alten in Theresienstadt erreichte in manchen Zeiträumen ein Drittel der Inhaftierten. Alte Menschen aus dem tschechoslowakischen Gebiet kamen meist mit ihren Familien, die Alten aus Deutschland und Österreich überwiegend alleine.

4 Vgl. dazu Fleischmann, Karl. Akte 347, Archiv Beit Theresienstadt, Givat Haim (Ihud).

5 Das Tagebuch der Malerin Elsbeth Argotinsky (1873–1952) enthält nur wenige Seiten. Eine weitere wichtige Dokumentation einer alten Frau im Ghetto stammt von Hedwig Ems aus Berlin. Sie wurde mit 73 Jahren im Jahr 1942 ins Ghetto deportiert und schrieb ihre Erinnerungen direkt nach dem Krieg. Das Tagebuch von Argotinsky und die Memoiren von Ems festigen den Eindruck eines aktiven, bewussten und solidarischen Lebens, wie Camilla Hirsch es in ihrem Tagebuch darstellt. Kopien dieser beiden Dokumente befinden sich im Archiv von Beit Theresienstadt.

6 Vgl. zu diesem Thema meinen Beitrag: Later Diaries and Memoirs. Elderly Women from the Reich in the Ghetto Theresienstadt. In: Dapim le-Heker Tekufat ha-Shoa, Nr. 14, University of Haifa 1997, S. 149–186.

te ist ein kleines Notizheft mit kariertem, das zweite ein größeres Heft mit liniertem Papier. Die Seiten sind ordentlich, altersbedingt etwas fleckig, die Handschrift sehr sauber und der Text beinahe ohne Korrekturen. Die Schreibutensilien, die Camilla zur Hand hatte, nämlich Federhalter und Tinte, waren anscheinend in akzeptablem Zustand. Die Seiten sind bis an den äußersten Rand beschrieben. Camilla vermeidet Einzelheiten, die sie für unbedeutend hält. An vielen Stellen fehlt z. B. die Erwähnung eines genauen Datums oder der Hinweis auf den Jahreswechsel.

Sie ist eine erfahrene Schreiberin. Vor dem Krieg verdiente sie ihren Lebensunterhalt mit der Formulierung von Briefen und Texten für ihre Kunden. Außerdem schrieb sie Geschichten für Erwachsene und Kinder, die sie im Eigenverlag zur Freude ihrer Freunde und Familie veröffentlichte. Ihre Schreibroutine schlägt sich im Tagebuch nieder. Obwohl die Berichte kurz und bündig sind und zwischen den einzelnen Einträgen manchmal eine Woche oder sogar ein Monat liegen, stellen sie eine umfangreiche und zuverlässige Dokumentation dar.

Das Tagebuch beginnt am 10. Juli 1942 mit der Vertreibung Camillas aus ihrer Wohnung in Wien. An diesem Tag bestieg sie mit ihren jüdischen Nachbarn einen Lastwagen, der sie an einen Sammelort in Wien brachte. In einfachen Worten beschreibt sie den Abschied von ihrer kleinen Schwester:

> *»Meine Schwester Anny kommt wie alle Tage um 8 Uhr zu mir, sie darf nicht mehr herein, durch das Guckloch sage ich ihr Lebewohl, darf ihr nicht einmal das Brot geben, das ihr gehört.«*

Am 15. Juli 1942 kommt Camilla im Ghetto an. Zu diesem Zeitpunkt ist sie 73 Jahre alt. Das Tagebuch zeigt eine aktive, selbstbestimmte Frau, die sich der Verzweiflung nicht hingibt und trotz der vielen Schwierigkeiten, die sich ihr in den Weg stellen, weiterkämpft.

Camilla besitzt keine jüngeren Familienmitglieder im Ghetto und gehört keiner Statusgruppe an. Trotzdem schafft sie sich durch Eigeninitiative und Kreativität einen inneren und äußeren Lebensraum – eine Welt, die es ihr ermöglicht, allen Widrigkeiten zum Trotz zu leben und zu überleben. In den ersten Monaten nach ihrer Ankunft im Ghetto schreibt sie in kurzen Abständen in ihr Tagebuch, ein- bis zweimal pro Woche. Sie beschreibt detailliert, was sich in ihrer Umgebung zuträgt, und dokumentiert auch das Schicksal ihrer Freunde. Mit der Zeit, als Hunger und Krankheit überhand nehmen, geht sie zu knappen monatlichen Einträgen über.

Den roten Faden bildet der Kampf ums Überleben. Camilla beschreibt alle Lebensbereiche der Häftlinge im Ghetto: die Furcht vor den Transporten, die beengten räumlichen Verhältnisse, Krankheiten, Diebstähle und die hohe Selbstmordrate unter den alten Menschen. Andererseits berichtet sie aber auch über die Teilnahme an Konzerten, Kabarettaufführungen, Vorträgen, Festtagsaktivitäten und Geburtstagsfesten, die gemeinsam mit den jungen Menschen gefeiert werden, die ins Ghetto kommen, um etwas Freude ins Leben der einsamen Alten zu bringen.

Außerdem setzt sich Camilla mit der Frage auseinander, wie unterschiedlich die Politik der jüdischen Selbstverwaltung den alten und den jungen Menschen gegenüber eingestellt ist. Auch auf die Spannungen zwischen tschechischen und der aus Deutschland und Österreich vertriebenen Juden spielt Camilla an:

> *»Man hört selten ein deutsches Wort und bekommt auch viel eher Auskunft, wenn man der Frage ein ›prosim‹ [›bitte‹] vorsetzt. Ich suche meine paar böhmischen Brocken hervor und nehme mir vor, zuzulernen.«*[7]

Trotz ihrer guten Gesundheit befallen sie im Ghetto alsbald Schwäche und schwere Krankheiten. Sie ist sich ihrer Lebensgefahr bewusst und schreibt im Tagebuch: *»Wenn ich von hier lebendig fort soll, muss ich mich schonen.«* Und an späterer Stelle:

> *»Nur gesund muss man bleiben, und das ist Glücksache. Es ist grosse Seuchengefahr, die durch das enge Aneinanderliegen gefördert wird. Auch das Essen ist nicht ausreichend, und wenn auch weniger Essen Gewohnheit werden kann, so ist es doch insofern gefährlich, als die Kost immer eintönig bleibt. Sie macht nicht widerstandsfähig. Täglich Kartoffel, niemals Gemüse, wenig Fett, manchmal einen Knödel, aber der ist meistens kalt, was kein Wunder ist, wenn ca. 9000 Menschen aus einer Küche gespeist werden. Wenn wir uns abends niederlegen, so nacheinander, 75 cm Platz ist für jeden bemessen, so erinnert mich das an Grabstätten und gar manche sehen wir liegen, die Toten gleichen.«*

Camilla hält an ihrem Einfallsreichtum und ihrer Kreativität fest. Mit der Zeit lernt sie die Geheimnisse des Gesundheitssystems im Ghetto

7 Über die Spannungen zwischen den tschechischen sowie den deutschen und österreichischen Juden habe ich ein Kapitel in meinem Artikel über alte Frauen aus dem Reich geschrieben (vgl. Anm. 6).

kennen. Sie nutzt die Hilfe der Ärzte und der Schwestern, die sie fortlaufend betreuen und sich um sie bemühen.

Zwischendurch beschreibt Camilla auch Geschehnisse, die nicht nur ihr eigenes Schicksal, sondern das der gesamten Ghettogemeinschaft betreffen: etwa die Transporte in den Osten, die gewaltsame Zählung der Gefangenen am 11. November 1943, die Fluchtversuche mancher Häftlinge vor den Transporten und auch die Filmaufnahmen in den Jahren 1942 und 1944 sowie den Besuch der Kommission des Internationalen Roten Kreuzes 1944.

Ein wichtiges Element im Kampf ums Überleben ist das Bewahren der zwischenmenschlichen Kontakte. Ihre gute Freundin Mila begleitet Camilla während ihrer gesamten Ghettohaft bis zur Befreiung in die Schweiz. Camilla verfolgt das Schicksal zahlreicher Männer und Frauen, die aus Wien nach Theresienstadt gekommen waren. Ein Teil davon sind entfernte Verwandte, alte Menschen wie sie oder Bekannte, die im Ghetto zu Bedürftigen werden. Camilla sucht sie in ihren Unterkünften auf, macht sich Gedanken um sie, versucht, ihre Lage zu verbessern, spendet Trost, spricht beruhigende Worte und gibt ihnen von ihrer Kraft. Sie verfolgt das Prinzip der gegenseitigen Hilfe und ist sich der wechselseitigen Abhängigkeit bewusst. Sie philosophiert nicht viel über dieses Prinzip, in ihrem Tun jedoch spiegelt sich ihre Weltanschauung wider.

Obwohl sie nicht verpflichtet ist zu arbeiten, bietet sie dem Hausleiter ihre freiwillige Hilfe im Büro an, notiert die Personalien der Hausinsassen und weiß um den Nutzen ihrer Arbeit und die Vorteile, die sie mit sich bringt:

> *»Aber die Arbeit hilft über vieles hinweg, auch hat man dadurch eine Ausnahmestellung. So z. B. kann ich ungehindert ausgehen, während andere erst auf den Kolonnenführer warten müssen, um vor die Tür zu kommen.«*

Camilla benutzt die Sondergenehmigung, um ihre Freundinnen und Freunde in ihren Unterkünften und im Krankenhaus zu besuchen, aber auch, um zu ihren Beerdigungen zu gehen.

Im Tagebuch finden sich einige Beschreibungen bitterer Hungersnot. Es ist ein greifbarer Hunger, der mit Schmerzen einhergeht. Während ihres Ghettoaufenthalts verliert Camilla die Hälfte ihres Körpergewichts. Am 14. November 1943 schreibt sie: *»Man macht direkt Hungerkünstler aus uns.«* Als die deutsche Verwaltung den Häftlingen erlaubt, Pakete zu erhalten, macht sie sich Gedanken, wer von ihren Bekannten außerhalb des Ghettos bereit sein würde, ihr ein Paket zu schicken, wer die Mittel und die Motivation dazu haben könnte. Nach dem Einlangen der Sendungen, bessert sich ihre Lage. Sie und Mila teilen sich den Inhalt. Aber die Pakete kommen in unregelmäßigen Abständen, daher können sie nicht darauf bauen. Wenn etwas ankommt, müssen sie also sehr überlegt vorgehen, sie tauschen Lebensmittel auf einer Art »Schwarzmarkt«, der im Ghetto betrieben wird:

> *»Mila hat 2 Pakete aus Stockholm bekommen. Das Wertvollste sind 4 Zitronen, für die wir 2 kg Brot und 4 kg Kartoffel eintauschten. So haben wir doch wieder etwas zu essen.«*

Nachdem keine weiteren Pakete mehr eintreffen, wird Camilla wieder sehr stark vom Hunger geplagt, wird schwach und krank. Die Krankheiten, die sie befallen, sind im Ghetto stark verbreitet und werden auch in anderen Tagebüchern, Memoiren, in späteren Zeugenberichten und in der Fachliteratur erwähnt. Dazu zählen Darmkrankheiten, die von Durchfall begleitet werden, Grippe, Herzerkrankungen, Lungenkrankheiten, Blasenentzündungen und mehr.

Auch die Nächte stellen sich im Ghetto als Albtraum dar. Außer dem Kampf mit Wanzen, Flöhen und anderem Ungeziefer sowie den Wetterverhältnissen besteht die Gefahr, im völligen Dunkeln auf die Toilette gehen zu müssen. Camilla beschreibt, mitunter mit einer Prise Humor, wie man es vermeidet, in der Finsternis auf andere Leute zu treten oder mit dem Kopf gegen ein Möbelstück zu stoßen.

Die alten Häftlinge im Ghetto fragen sich sehr oft, ob sich das Weiterleben überhaupt noch lohnt. Im Schatten der zahlreichen Selbstmorde ihrer Freunde und den Gesprächen über das Thema in ihrem Umfeld, befasst sich Camilla mit dieser Frage explizit. Sie verdrängt die Mutlosigkeit und überwindet sie mit Hilfe der Hoffnung, ihren Sohn Robert und seine Frau Grete wiederzusehen. Sie hat Sehnsucht nach den beiden und lebt in ständiger Sorge um deren Schicksal. Im Dezember 1942 erhält sie eine erste Postkarte von ihrem Sohn. Die Postkarten kommen jedoch selten und spärlich. Als am 13. September 1943 5.000 Häftlinge von Theresienstadt nach Auschwitz-Birkenau deportiert werden, schreibt Camilla:

> *»Es ist ein grosser Jammer und Elend und, wenn die Hoffnung nicht wäre, seine Kinder wiederzusehen, stünde es nicht dafür, das Leben hier weiter zu leben.«*

Dieses Motiv begleitet Camilla während der gesamten Niederschrift ihres Tagebuchs. Durchzuhalten, um ihre geliebten Kinder wiederzusehen. Dafür kämpft sie. Ihre Waffen sind Optimismus, Humor, Eigeninitiative und kreative Lösungen für alle Probleme, auch für solche, die unlösbar erscheinen. So eine Lösung ist z. B. ihre Bitte an Rudolph Kohn in Prag, ihr ein Paket zu schicken, das ihr schließlich das Leben rettet. Am 3. Mai 1943 notiert sie:

»Rudolf Kohn hat mir ein Paket geschickt! Ich bin so glücklich darüber, es war Hilfe in grösster Not! Und so schön zusammengestellt. Mit Verstand und Liebe.«

Kohn fährt damit fort, Pakete an Camilla zu schicken, bis sie das Ghetto im Februar 1945 verlässt.

Ein weiteres Beispiel für ihre Aktivität ist ihr Gesuch an Dr. Fritz Ullmann, der als Mitglied der Jewish Agency in Genf Paketsendungen nach Theresienstadt organisiert. Camilla erfährt zufällig von ihm, ohne zu wissen, wer er ist und welchen Rang er hat:

»Im Feber habe ich eine Karte nach der Schweiz geschickt an einen Dr. Ullmann in Genf. Jemand hat mir die Adresse gegeben, damit ich eine Verbindung mit Siegfried [Camillas Bruder] bekomme. Zu meiner grossen Überraschung erhielt ich gestern ein Päckchen mit 2 Schachteln Sardinen aus Lissabon, und dieser Dr. Ullmann ist der Aufgeber. Jedenfalls schliesse ich aber daraus, dass Siegfried bereits von mir Nachricht hat.«

Camilla ist empathisch, interessiert und solidarisch. Sie errichtet eine Art Kommune mit ihren Freundinnen und Freunden, wobei Milas Mitwirkung besonders hervorsticht. Die beiden unterstützen einander großzügig und gemeinsam helfen sie ihren Freunden. Camilla und Mila scheinen liebenswert zu sein und legen Wert auf ihr äußeres Erscheinungsbild. Gleichzeitig sind sie bereit, für Lebensmittel auf Dinge wie einen Reißverschluss, einen Regenschirm, ein Mieder, eine Handtasche oder ein anderes Teil, das ihnen am Herzen liegt, zu verzichten. Die Lebensmittel teilen sie geschwisterlich und geben auch den Patienten im Krankenhaus und ihren bedürftigen Freunden etwas davon ab.

Camilla ist sehr darauf bedacht, Dinge nicht in Vergessenheit geraten zu lassen. Im Tagebuch verewigt sie ihre im Ghetto verstorbenen Freunde und hält sogar einige Gedichte von ihnen im Wortlaut fest. Mit Trauer berichtet sie von der Abstumpfung, die das Leben im Ghetto mit sich bringt, und von der fehlenden Gelegenheit, über die Verstorbenen zu trauern.

Nach Kriegsende setzt Camilla sich mittels eines Verwandten, der in London lebt, mit ihrem Sohn und ihrer Schwiegertochter in Verbindung. Diese sind aus Ungarn zurückgekehrt und wohnen wieder in Wien. Sie selbst bleibt in der Schweiz und verstirbt dort nach drei Jahren. Es gibt keine Beweise dafür, aber ich hoffe, dass sich Camillas Traum, der im Ghetto ihr Lebenselixier war, erfüllte – nämlich am Ende ihrer Tage Robert und Grete doch noch wiederzusehen. Vielleicht blieb uns dieses wichtige Tagebuch, das heute, über 70 Jahre nach seiner Niederschrift, im Druck erscheint, auf diese Weise erhalten.

THERESIENSTADT

Theresienstadt

erlebt von

Camille Hirsch

I

TAGEBUCH

1942

Am 10. Juli 1942, ½5 Uhr morgens heftiges Läuten, dann ohrenbetäubendes Klopfen an der Wohnungstüre. Ich fahre aus dem Schlafe auf, öffne. Zwei Ordner stehen draussen, sie sind geharnischt, unfreundlich eingestellt. »Von der Kultusgemeinde«, sagen sie. – »Kommen Sie uns auszuheben, dann sagen Sie es gleich.« »Jawohl! Rasch einpacken, der Wagen wird gleich da sein.«[1]

Wir beginnen zu packen. Von 17 an der Zahl müssen 9 das Haus verlassen, darunter zwei 86jährige Frauen und Herr Dürrheim, ein schwerkranker Mann, der seit mehr als 2 Jahren das Bett hüten muss.[2] Ein dritter Ordner erscheint, will die Wohnungstür verrammeln, was ihm aber nicht gelingt. Wir sind gefangen, dürfen weder mit jemand sprechen noch schreiben. Meine Schwester Anny[3] kommt wie alle Tage um 8 Uhr zu mir, sie darf nicht mehr herein, durch das Guckloch sage ich ihr Lebewohl, darf ihr nicht einmal das Brot geben, das ihr gehört. Ein Koffer und ein Schlafsack, das ist alles, was wir mitnehmen dürfen, und dann noch etwas Handgepäck.

Am schwersten trenne ich mich von den Bildern meiner Lieben, kann nur die wenigsten mitnehmen. Trotz allen Drängens wird es

1 Anfang Herbst 1941 organisierte die »Zentralstelle für jüdische Auswanderung« in Wien eine Ordnungstruppe, die aus 100 Männern bestand und dabei half, die Juden aus ihren Wohnungen zu holen, um sie zur Deportation zusammenzutreiben. Ein Wächter, der einem Juden half, der Deportation zu entgehen, brachte alle anderen in Gefahr, insbesondere die Angestellten der Jüdischen Gemeinde, die sofort neue Gemeindemitglieder zur Verfügung stellen mussten, um die Quote für die Verschickungen – denn allein diese zählte für die Nationalsozialisten – zu erfüllen.

2 Maximilian Dürrheim wurde am 29. Dezember 1867 in Trebic geboren und am 14. Juli 1942 mit seiner Frau Ernestine von Wien nach Theresienstadt deportiert, wo er am 5. August 1942 starb. Ernestine Dürrheim wurde am 13. Oktober 1872 geboren. Am 15. Mai 1944 wurde sie nach Auschwitz-Birkenau – in das sogenannte Familienlager Theresienstadt in Abschnitt B llb – geschickt und dort ermordet.

3 Anna (Anny/ Anni) Banhegyi, geb. Wolf, war Camillas jüngere Schwester. Sie wurde am 5. Juni 1881 in Wien geboren und am 17. August 1942 von dort nach Maly Trostinez deportiert, wo sie zwei Tage nach ihrer Ankunft ermordet wurde.

¼ 3 Uhr Nachmittag. Frau Dürrheim, das ist die Gattin des Kranken, hat sich inzwischen aus schwerer Ohnmacht erholt. Die Ordner sind etwas freundlicher geworden, da sie sehen, dass sie Fluchtgefahr nicht zu fürchten brauchen. Sie schlagen uns vor, einen Wagen zu mieten und das Gepäck darauf zu verladen. Wir tun es und machen uns auf den Weg. Die 2 Frauen von 86 und Herr Dürrheim werden auf den Wagen gehoben, den ein Schimmel zieht. Unser Gepäck wird verstaut, dann gehen wir zu zweit in einem Zug, eskortiert von den 3 Ordnern.

Es geht in die Malzgasse 16, dem früheren Altersheim. Nach den Aufnahmeformalitäten, wobei ein jeder eine Transportnummer angehängt bekommt und Geld abliefern muss, gelangen wir in einen grossen Saal. Hier sitzen bereits einige 30 Personen auf Matratzen rings an den Wänden. Meine Freundin Mila,[4] die bereits Erfahrung aus der Castellezschule hat, sucht uns einen halbwegs erträglichen Platz aus. Wir lassen uns nieder, betrachten unsere Leidensgefährten. Fast sämtliche gehören der besseren Klasse an.

Diese Nacht war die schrecklichste meines Lebens. Wir liegen angekleidet auf einer Matratze zu zweit dicht nebeneinander. Zwischen den Matratzen ist kaum Platz für eine Stecknadel. Neben mir habe ich die Freundin, die ich nicht stören will, auf der anderen Seite ringe ich mit dem genagelten Stiefel meines Nachbarn, der sich mir durchaus auf meine Stirn setzen will, mit dem Knie stosse ich einen andern Stiefel weg, der einem Dritten gehört. Ausstrecken ist unmöglich, da zu meinen Füssen sich Köpfe von Schlafenden befinden. Das Zimmer ist erleuchtet, und ich sehe die ganze Nacht die Leute, die den Saal verlassen wollen, über die Köpfe der Schlafenden hinwegturnen. Auch ich habe dies einmal nötig. Es gelingt, indem ich von einer Insel zur andern hüpfe und glücklicherweise niemandem die Kehle dabei zertrete.

Entsetzlicher Lärm vom Hof aus, ein Lastauto nach dem andern rast heran. Menschen und Gepäck werden ausgeladen, die Koffer türmen sich. Mit schriller Stimme, ohne Rücksicht auf Schlafende, werden Befehle erteilt.

4 Der vollständige Name von Mila, mit der sich Camilla in Wien eine Wohnung teilte, wird im Tagebuch nicht erwähnt. Nachforschungen, die Alisa Schiller im Namensarchiv der Bewohner von Theresienstadt durchführte, ergaben, dass sie Adele Emilie Kulka, geb. Fränkl, hieß und am 15. Dezember 1868 geboren wurde. Mila und Camilla wurden mit dem gleichen Transport aus Wien deportiert und im Februar 1945 zusammen in der Schweiz befreit.

Ich finde viele Bekannte, auch Cornelie Frank[5] ist darunter. Die Kost ist ausreichend.

Am folgenden Tag werden wir kommissioniert. Wir stehen Schlange. Man nimmt uns den Heimatschein ab, schleudert ihn auf den Fussboden, dann das restliche Geld. Ich lege es auf den Tisch; man verlangt auch die kleinen Münzen; ich streue sie hin. Wir sind keine Reichsangehörigen mehr. Auf der Kennkarte erhalten wir den Vermerk »evakuiert«.

Am nächsten Tag geht es zur »Entlausung«. Wir werden untersucht. Alle, bei denen sich Verdächtiges zeigt, werden kahl geschoren. Dann müssen wir ins Bad. Im Lastauto werden wir hintransportiert, genau beim Einsteigen abgezählt und beim Aussteigen wieder. Jetzt erst weiss man, was für kostbares Gut ein Jude ist.

Das Bad ist nicht unangenehm, eine heisse Douche,[6] sogenanntes Tröpferlbad. Dagegen ist es empörend, dass die Frauen splitternackt vom 1. Stock ins Bad, das sich im Erdgeschoss befindet, steigen müssen, ohne das Geringste zu ihrer Bedeckung, trotzdem Männer gleichzeitig die Stiege hinaufgehen. Nach dem Bad stehen wir gedrängt am Korridor bei versperrter Tür und erst, wenn ein Lastauto erscheint, dürfen wir es – abgezählt – besteigen. Wir stehen in Reihen zu viert, eine knapp hinter der andern, halten uns an den Händen und beugen uns bei jeder Biegung vor. Es ist dies eine Vorsichtsmassregel, damit keiner aus dem Wagen stürzt, wie dies bereits vorgekommen ist.

Wir kommen nicht mehr in die frühere Ubikation[7] zurück, sondern ins Krügerheim.[8] Hier bleiben wir 2 Tage, geben unser Gepäck ab, da niemand etwas in der Hand haben darf, wenn er im Lastauto weggeschleppt wird. Wie ich das Zimmer verlasse, kommt mir ein

5 Cornelie Frank war Camilla Hirschs Schwägerin aus erster Ehe. Sie wurde am 23. November 1867 geboren und am 14. Juli 1942 von Wien nach Theresienstadt deportiert. Sie starb im Ghetto nur drei Wochen nach ihrer Ankunft am 3. August 1942.

6 Dusche (von Französisch »douche«)

7 Unterkunft

8 Das Dr. Krüger-Heim war ein weitläufiges Gelände in Wien, das eine Talmud-Thora-Schule für Mädchen beherbergte. Im Jahr 1930 errichtete die Jüdische Gemeinde Wien auf demselben Gelände eine Ausbildungsstätte für Lehrer sowie eine Hauswirtschaftsschule und eine Sprachschule für Frauen. 1942 wurde das Gelände als Umschlagplatz für die Deportationen genutzt.

Am 10. Juli 1942, ½5 Uhr morgens heftiges Läuten, dann ohrenbetäubendes Klopfen an der Wohnungstüre. Ich fahre aus dem Schlafe auf, öffne. Zwei Ordner stehen draussen, sie sind gehemmt, unfreundlich eingestellt. „Von der Kultusgemeinde" sagen sie. – „Kommen Sie uns auszuheben, dann sagen Sie es gleich." „Jawohl! Rasch einpacken, der Wagen wird gleich da sein."
Wir beginnen zu packen. Von 17 an der Zahl, müssen 9 das Haus verlassen, darunter zwei 86 jährige Frauen und Herr Durkheim, ein schwerkranker Mann, der seit mehr als 2 Jahren das Bett hüten muss. Ein dritter Ordner erscheint, will die Wohnungstür versammeln, was ihm aber nicht gelingt. Wir sind gefangen, dürfen weder mit jemand sprechen, noch schreiben. Meine Schwester Anny kommt wie alle Tage um 8 Uhr zu mir, sie darf nicht mehr herein, durch das Guckloch sage ich ihr Lebewohl, darf ihr nicht einmal das Brot geben, das ihr gehört. Ein Koffer und ein Schlafsack, das ist alles was wir mitnehmen dürfen und dann noch etwas Handgepäck.

Am schwersten trenne ich mich von den Bildern meiner Lieben, kann nur die wenigsten mitnehmen. Trotz allen Drängens wird es 1/2 3 Uhr Nachmittag. Frau Dürkheim, das ist die Gattin des Kranken, hat sich inzwischen aus schwerer Ohnmacht erholt. Die Ordner sind etwas freundlicher geworden, da sie sehen, dass sie Fluchtgefahr nicht zu fürchten brauchen. Sie schlagen uns vor, einen Wagen zu mieten und das Gepäck darauf zu verladen. Wir tun es und machen uns auf den Weg. Die 2 Damen von 86 und Herr Dürkheim werden auf den Wagen gehoben, den ein Schimmel zieht. Unser Gepäck wird verstaut, dann gehen wir zu zweit in einem Zug, eskortiert von den 3 Ordnern.

Es geht in die Malzgasse 16, dem früheren Altersheim. Nach den Aufnahmsformalitäten, wobei ein jeder eine Transportnummer angehängt bekommt und Geld abliefern muss, gelangen wir in einen grossen Saal. Hier sitzen bereits einige 30 Personen auf Matratzen rings an den Wänden. Meine Freundin

Milen, die bereits Erfahrung aus der Castellezschule hat, sucht uns einen halbwegs erträglichen Platz aus. Wir lassen uns nieder, betrachten unsere Leidensgefährten. Fast sämtliche gehören der besseren Klasse an.

Diese Nacht war die schrecklichste meines Lebens. Wir liegen angekleidet auf einer Matratze zu zweit dicht neben einander. Zwischen den Matratzen ist kaum Platz für eine Stecknadel. Neben mir habe ich die Freundin, die ich nicht stören will, auf der andern Seite ringe ich mit dem genagelten Stiefel meines Nachbars, der sich mir durchaus auf die Stirn setzen will, mit dem Knie stosse ich einen andern Stiefel weg, der einem Dritten gehört. Ausstrecken ist unmöglich, da zu meinen Füssen sich die Köpfe von Schlafenden befinden. Das Zimmer ist erleuchtet und ich sehe die ganze Nacht die Leute, die den Saal verlassen wollen, über die Köpfe der Schlafenden hinwegturnen. Auch ich habe dies einmal nötig. Es gelingt, indem ich von einer Insel zur andern hüpfe und glücklicherweise niemandem

Ordner entgegen. Ich erkenne meinen Vetter Dr. Hermann Ungar.[9] Er ist erschüttert über mein Schicksal. Ich trage ihm noch Grüsse für seine Familie und meine Schwester auf, dann steige ich ins Lastauto, das mich zur Bahn führt.

Ich fahre ein letztes Mal durch die mir wohlbekannten Strassen, auch an meiner alten Heimat vorbei, wo ich noch als Kind gespielt; am Haus, das ich als Braut verliess und in dem meine gute Mutter starb. Aber es gibt keine Reminiszenzen, man beisst die Zähne zusammen und hält sich am Nachbarn fest, um nicht zu stürzen.

Endlich langen wir am Aspangbahnhof an.[10] Ein Zug steht bereit für 1000 Personen. Wir werden aus den Autos ausgeladen und an dem Scharführer vorbeigeführt, der uns mustert. Ich habe keinen Blick für ihn. Dann werden wir einwaggoniert. In guten Waggons 3. Klasse mit genügendem Platz fürs Handgepäck. In jedem Koupé 10 Personen; glücklicherweise bei uns nur acht. Es ist 3 Uhr, niemand weiss, wann der Zug abgehen wird. Ein schwüler Tag! Für die Waggonleiter ist die Parole ausgegeben: Fenster sind nur während der Fahrt offen zu halten. Die Hitze ist unerträglich, da erscheint ein diensthabender Schaffner, der die Fenster öffnet. Die Luft tut wohl. Unser überängstlicher Waggonkommandant will sofort wieder die Fenster schliessen, wir wehren uns dagegen und behalten endlich recht. Wasser wird gereicht, dann wird solches in den Waggons verteilt. In unseren Wagen kommen zwei Eimer.

Um ½8 setzt sich der Zug in Bewegung. Zuvor erhielten wir von der Kultusgemeinde ein Säckchen, enthaltend 10 Dk[11] Wurst, ein Dreieck Käse, etwas Brot, Zucker und Salz, auch ein Stückchen Seife und eine Schachtel Zünder.[12] Man sagt uns, dass wir damit bis zum nächsten Tag 5 Uhr auskommen müssen.[13] Nun werden die Fenster

9 Hermann Ungar wurde am 16. Juni 1895 geboren, am 10. Oktober 1942 von Wien nach Theresienstadt deportiert und am 29. September 1944 nach Auschwitz-Birkenau verschickt, wo er ermordet wurde.

10 Vom Wiener Aspangbahnhof wurde zwischen 1939 und 1942 die jüdische Bevölkerung deportiert.

11 Dk = Dekagramm; 1 Dekagramm = 10 Gramm

12 Zünd-, Streichhölzer

13 In der Jüdischen Gemeinde Wien wurde eine Hilfsgruppe ins Leben gerufen, deren Aufgabe es war, den alten und kranken Juden Wiens zur Seite zu stehen. Viele waren alleine in ihren Wohnungen zurückgeblieben oder nach der großen Auswanderung und den ersten Deportationen in den Osten gar aus ihren Wohnungen vertrieben worden. Dr. Benjamin Murmelstein, der seitens der Jü-

endgültig geschlossen und dürfen erst wieder geöffnet werden, wenn wir die grosse Donau passiert haben. Über die Verbindungsbahn geht es zum Nordbahnhof, dann weiter. Ich blicke zum Fenster hinaus und erfreue mich am Grün der Wiesen. Ein lange entbehrter Genuss. Die Fahrt ist gut, und es ist auch möglich, in der Nacht etwas zu schlafen. Wenn der Morgen graut, sind wir bereits im Protektorat und kommen nach Prag. Meiner Geburtsstadt, die ich nur als kleines Kind gekannt habe. Wir fahren um die Stadt herum, den Zentralbahnhof vermeiden wir. So kommen wir nur durch die Vororte; von der Inneren Stadt und dem Hradschin sehe ich nichts. Das tut mir leid.

Um 9 Uhr früh fährt der Zug in Theresienstadt ein. Wir sehen Gendarmen und eine Unzahl junger Leute, Juden, wie man an dem Stern, den sie tragen, erkennt. Einige tragen schwarze Tschakos[14] mit gelben Streifen und gelber Binde. Das ist die Ghettopolizei.[15] Die Waggons werden der Reihe nach geöffnet. Ein jüdischer Funktionär erscheint und begrüsst uns: »Willkommen in Theresienstadt!« Dann sagt er uns, dass der Weg, den wir zurückzulegen haben, eine halbe Stunde dauert und dass wir lästiges Gepäck zurücklassen sollen, es geht auf Wagen mit. Kranke und Sieche werden auf Lastautos befördert, darunter Cornelie Frank.

Wir marschieren durch ein schönes Städtchen (Bauschowitz), alle Fenster voll Neugieriger, die den Judenzug zu sehen wünschen. Alle 50 Schritte ein Gendarm. Dann kommt die Landstrasse, von Obstbäumen umsäumt. Auf den Feldern arbeiten Männer und Frauen, alle tragen den jüdischen Stern. Wir begegnen viel Jugend. Sie gehen in Ko-

dischen Gemeinde Wien für die Auswanderung verantwortlich war, sorgte dafür, die älteren Menschen in Heimen oder Wohngemeinschaften unterzubringen, damit sie bis zu ihrer Deportation nach Theresienstadt versorgt waren.

14 (militärische) Kopfbedeckung

15 Am 5. Dezember 1941 wurde in Theresienstadt die Ghettopolizei gegründet, die nach und nach von 35 auf 150 bis 200 Personen anwuchs. Sie war verantwortlich für Disziplin und Ordnung, den Schutz des Eigentums der Ghettoinsassen und die Durchsetzung des Gehorsams gegenüber der Kommandantur und dem Ältestenrat. Außerdem unterstützte die Ghettopolizei die tschechische Gendarmerie. Mit Zunahme der Neuzugänge im Sommer 1942 erhielt die Ghettopolizei zudem die Aufgabe, die Ankömmlinge zu empfangen und sie zu ihren Unterkünften zu begleiten. Am 23. September 1942 wurde die Ghettopolizei in die Sicherheitsdienste eingegliedert. Die Anzahl ihrer Mitglieder erhöhte sich auf 420 und sie wurde zu einer Art Militärtruppe, bis sie im zweiten Halbjahr 1943 wieder ihre ursprüngliche Aufgabe übernahm und in dieser Form später auch aufgelöst wurde.

die Kehle dabei zertrete.

Entsetzlicher Lärm vom Hof aus, ein Lastauto nach dem andern rast heran. Menschen und Gepäck werden ausgeladen, die Koffer türmen sich. Mit schriller Stimme, ohne Rücksicht auf Schlafende, werden Befehle erteilt.

Ich finde viel Bekannte, auch Cornelie Frank ist darunter. Die Kost ist ausreichend.

Am folgenden Tag werden wir kommissioniert. Wir stehen Schlange. Man nimmt uns den Heimatschein ab, schleudert ihn auf den Fussboden, dann das restliche Geld. Ich lege es auf den Tisch; man verlangt auch die kleinen Münzen, ich streue sie hin. Wir sind keine Reichsangehörigen mehr. Auf der Kennkarte erhalten wir den Vermerk „evakuiert".

Am nächsten Tag geht es zur „Entlausung". Wir werden untersucht. „Alle, bei denen sich Verdächtiges zeigt, werden kahl geschoren. Dann müssen wir ins Bad. Im Lastauto werden wir hintransportiert, genau beim Einsteigen abgezählt und beim Aussteigen wieder. Jetzt erst weiss man, was für kostbares Gut ein Jude ist.

Das Bad ist nicht unangenehm, eine heisse Douche, sogenanntes Tröpferlbad. Dagegen ist es empörend dass die Frauen splitternackt vom 1. Stock ins Bad, das sich im Erdgeschoss befindet, steigen müssen, ohne das Geringste zu ihrer Bedeckung, trotzdem Männer gleichzeitig die Stiege hinaufgehen. Nach dem Bad stehen wir gedrängt am Korridor bei versperrter Tür und erst wenn ein Lastauto erscheint, dürfen wir es, abgezählt, besteigen. Wir stehen in Reihen zu Viert, eine knapp hinter der anderen, halten uns an den Händen und beugen uns bei jeder Biegung vor. Es ist dies eine Vorsichtsmassregel, damit keiner aus dem Wagen stürzt, wie dies bereits vorgekommen ist.

Wir kommen nicht mehr in die frühere Ubikation zurück, sondern ins Krügerheim. Hier bleiben wir 2 Tage, geben unser Gepäck ab, da niemand etwas in der Hand haben darf, wenn er im Lastauto weggeschleppt wird. Wie ich das Zimmer verlasse, kommt mir ein

lonnen bis zu 15. Einige von uns können nicht weiter, lassen sich auf der Strasse nieder und werden später aufgeklaubt. Ich schleppe einen Wintermantel, den ich über meinem Winterkleid anhabe, da meine Hände voll von kleinem Gepäck sind. Es ist drückend heiss.

Nach 1½ Stunden, 15. Juli, ½11 Uhr, sind wir am Ziel. Theresienstadt! Ein freundliches Städtchen, das einmal wohl 8000 Personen fasste, jetzt sind es mehr als 40.000.[16] Man sieht ganze Reihen noch leerstehender Häuser, die auf den Belag[17] warten. Man kann sich nicht leicht verlaufen, denn die Stadt besteht ausschliesslich aus Längs- und Querstrassen, die arithmetisch geordnet sind. Die Längsstrassen mit L 1 u.s.w., die Querstrassen mit Q. Wir kommen vorläufig in eine Schleuse, um von da zum definitiven Wohnort zu gelangen.[18] Der Weg führt an zahlreichen Kasernen vorbei, aber noch immer sind wir nicht am Ziel. Dann ein grosser Platz mit verglasten Baracken, die als Werkstätten dienen. Das Haus, das uns zugewiesen wird, ist das ehemalige Bräuhaus.[19] Eine grosse zweistöckige Front mit 2 Seitenflügeln, in der Mitte ein grosser Hof mit einem Brunnen und einem Riesenbehälter für den Müll. Der Hof ist der Sammelplatz, es wird den ganzen Tag Wasser geschöpft, getrunken und gewaschen. Trotzdem man den Leuten erklärt, dass Verunreinigung des Brunnens Typhusgefahr bedeutet, geschieht dies immer aufs Neue. Die Klosette sind in desolatem Zustand. Aber wir haben rasch eine Hilfskolonne gebildet. Jeder Insasse unseres Traktes bewacht die Reinlichkeit des Klos eine halbe Stunde. Das macht Schule im ganzen Haus.

Durch Erfahrung in der Malzgasse klug geworden, suche ich ein Zimmer mit wenigen Insassen zu bekommen. Wir sind im Ganzen

16 Bis zur deutschen Besatzung lebten in der Festungsstadt Theresienstadt 7.000 Menschen; die Hälfte davon waren Soldaten und die andere Hälfte Bürger, die für die Soldaten Dienstleistungen erbrachten. Allein im Juli 1942 wurden 25.000 Menschen nach Theresienstadt geschickt, und die Anzahl der Ghettoinsassen stieg in diesem Monat auf insgesamt 43.400 Personen.

17 Gemeint ist »Belegung«.

18 Die »Schleuse« war die Aufnahme- und Kontrollstation für alle Neuzugänge in Theresienstadt. Dort wurden sämtliche mitgebrachten Wertgegenstände konfisziert. Die Repräsentanten der »Arbeitszentrale« der jüdischen Selbstverwaltung untersuchten die Ankömmlinge auf ihre Arbeitstauglichkeit und teilten ihnen ihre Aufgaben zu.

19 In der Festungsstadt Theresienstadt wurden ehemals elf Kasernen für 3.500 Soldaten gebaut. Während der Ghettozeit wurden diese als beengte Massenunterkünfte für die Häftlinge genutzt. Die Kasernen beherbergten auch eine kleine Brauerei, in der man Getreide oder Obst zur Herstellung von Bier gären ließ.

sechs, darunter Mila und ein Ehepaar. Der Mann schwer asthmatisch; die Frau in steter Sorge um ihn, läuft um den Arzt bei Tag und bei Nacht. Das Leiden ist durch die ausgestandenen Strapazen nicht besser geworden. Der Mann ist eine Woche später gestorben.

Die grosse Sensation des Tages ist das Zubringen der Bettsäcke. Sie liegen in Bergeshöhe auf dem Hof, belagert von einer Unzahl Menschen, die nach ihren Betten schreien und dadurch die Arbeit der sich wirklich redlich bemühenden Ordner erschweren. Ich habe Glück und bekomme meinen Bettsack noch am selben Abend, so dass ich mir ein Lager am blossen Boden bereiten kann. Am nächsten Tag kommt das kleine Gepäck dazu und zum Schluss die Koffer. Ich habe alles bekommen, bis auf einige Kleinigkeiten – Zünder, Kerzen, Schreibpapier und ein Kleid – ist mir nichts abhanden gekommen. Cornelie Frank ist es nicht so gut gegangen, sie bekommt ihren Bettsack leer. Duchent[20] und Pölster[21] sind verschwunden.

Ärzte kommen und untersuchen die Köpfe. Das ist eine Beruhigung, denn die Furcht vor Läusen ist gross. Das Haus dürfen wir nur verlassen, um den Weg in die gegenüberliegende Kaserne anzutreten, um das Essen zu fassen. Das kostet jedesmal eine Stunde Zeit. Man steht in Schlangen. Das Essen besteht aus schwarzem Kaffee zum Frühstück, Suppe mit Kartoffel und Tunke zum Mittagessen. Manchmal löst ein Knödel das Monotone der Speisekarte ab. Zum Abendessen Suppe oder schwarzer Kaffee. Aber gute Milch bekommen wir, jeder einen Viertel-Liter ein- bis zweimal in der Woche, etwas Margarine, 5 Dk Wurst und genügend Brot. Es ist steinhart, auch manchmal bitter, aber es wird gegessen. Wir haben hier »den besten Koch«!

Ich schaue mich nach Dürrheims um, der Mann hat sich in ein paar Tagen bis zur Unkenntlichkeit verändert. Ich glaube nicht, dass er es lange machen wird. Cornelie ist guter Dinge, sie freut sich, dass wir beisammen sind, und gibt mir Tee und Schokoladestückchen.

Ich suche meine ehemalige 86jährige Hausfrau. Sie liegt im Marodenzimmer. Das ist die Hölle. Die Kranken liegen am Fussboden, selten auf einer Matratze, haben weder Hilfe noch Pflege. Einige sind bereits gestorben. Viele Insassen klagen über Durchfall. Man hütet sich vor dem Wasser, aber die Leute sagen, es komme vom Brot. Man hört selten ein deutsches Wort und bekommt auch viel eher Auskunft,

20 Tuchent; Daunen-, Federbett

21 Kopfkissen

Ordner entgegen. Ich erkenne meinen Vetter Dr Hermann Ungar. Er ist erschüttert über mein Schicksal. Ich trage ihm noch Grüsse für seine Familie und meine Schwester auf, dann steige ich ins Lastauto, das mich zur Bahn führt.

Ich fahre ein letztes Mal durch die mir wohlbekannten Strassen, auch an meiner alten Heimat vorbei, wo ich noch als Kind gespielt; am Hause, das ich als Braut verliess und in dem meine gute Mutter starb. – Aber es gibt keine Reminiszenzen, man beisst die Zähne zusammen und hält sich am Nachbar fest um nicht zu stürzen.

Endlich langen wir am Aspangbahnhof an. Ein Zug steht bereit für 1000 Personen. Wir werden aus den Autos ausgeladen und an dem Scharführer vorbeigeführt, der uns mustert. Ich habe keinen Blick für ihn. Dann werden wir einwaggoniert. In guten Waggons 3. Klasse mit genügendem Platz fürs Handgepäck. In jedem Koupé 10 Personen; glücklicher, wäre bei uns nur acht. Es ist 3 Uhr, niemand weiss, wann der Zug abgehen wird. Ein schwüler Tag! Für die Waggonleiter ist die Parole ausgegeben: Fenster sind nur während der Fahrt offen zu halten. Die Hitze ist unerträglich, da erscheint ein diensthabender Schaffner, der die Fenster öffnet. Die Luft tut wohl. Unser übereifriger Waggonkommandant will sofort wieder die Fenster schliessen, wir wehren uns dagegen und behalten endlich recht. Wasser wird gereicht, dann wird solches in den Waggons verteilt. In unseren Wagen kommen zwei Eimer.

Um ½ 8 setzt sich der Zug in Bewegung. Zuvor erhielten wir von der Kultusgemeinde ein Säckchen, enthaltend 10 dk Wurst ein Dreieck Käse, etwas Brot Zucker und Salz, auch ein Stückchen Seife und eine Schachtel Zünder. Man sagt uns, dass wir damit bis zum nächsten Tag 5 Uhr auskommen müssen.

wenn man der Frage ein »prosim«[22] vorsetzt. Ich suche meine paar böhmischen Brocken hervor und nehme mir vor, zuzulernen.

Nach 5tägigem Aufenthalt übersiedeln wir ins definitive Heim. Wir packen unsere Sachen zum fünften Mal, seit wir das Heim verliessen, und hoffen nur auf ein Wiedersehen. Mila und ich schleppen so viel als möglich selbst, damit wir das Notwendigste in der Hand haben. Wir werden im Hof aufgestellt, abgezählt. 260 Personen kommen in ein Haus, an der Spitze schreitet der neue Hausälteste, der den Zug führt. Es sind kaum 10 Minuten Wegs, aber er erscheint mir endlos. Ich muss manchmal stehen bleiben und meine Sachen abstellen, endlich sind wir beim Haus L 223. Ein grosser Hof, wenn auch um vieles kleiner als der frühere, nimmt uns auf. Wir werden wieder abgezählt und dann in die Zimmer verteilt. Der Hausälteste schlägt uns vor, mit Freunden und guten Bekannten beisammen zu bleiben. Ehepaare werden getrennt. Mit Mühe gelingt es mir, mit Mila beisammen zu bleiben, aber endlich sind wir glücklich in unserem Zimmer. Ein freundliches zweifenstriges Gemach mit Gassenaussicht und einem Blick auf eine Allee von schönen Bäumen. Wir sind 17 Personen. Mila und ich nehmen den Platz zwischen den Fenstern, die Uebrigen verteilen sich an den 3 Wänden. Das Zimmer ist vollkommen leer. Ich lege meinen Bettsack als Unterlage, darauf Duchent und Pölster und decke mich mit einer Reisedecke zu, dann schlafe ich bis zum frühen Morgen. Ich stehe um 5 Uhr auf, um mich ungehindert waschen zu können. Das Wasser schöpfe ich am Brunnen in meine Menageschale[23] und schütte mir es auf den Waschlappen. Die Zähne putze ich im Hof bei einem Ausguss. Das Essen wird weiter aus der Magdeburger Kaserne gestellt, es ist die einzige Zeit, wo man das Haus verlassen darf. Ich bin müde und schlafe viel. Briefe abzusenden ist bei Todesstrafe verboten. Ich kenne einen Fall, wo ein 22jähriger Junge gehenkt wurde, weil er einen Brief nach Prag an seine Braut schmuggelte und der aufgefangen wurde.[24] Auch sonst gibt es für vieles Todesstrafe oder Polen. Da-

22 »Prosim« ist die tschechische Höflichkeitsformel für »bitte«. Die höfliche Ansprache half den Juden aus dem deutschen Reich, Gefallen bei den tschechischen Häftlingen zu finden.

23 Essensschale

24 Am 10. Januar und am 26. Februar 1942 wurden sechzehn Ghettohäftlinge erhängt, die zugegeben hatten, Briefe geschmuggelt zu haben. Der Ältestenrat wurde gezwungen, den Galgen und die Gräber vorzubereiten und bei der Exekution zuzusehen.

gegen existiert Lokopost. Man wirft Nachrichten in den im Hausflur befindlichen Postkasten und sie kommen getreulich an.[25] Junge Leute zimmern rohe Holzsessel gegen etwas Brot. Ich verschaffe mir einen solchen.

Ich suche Therese Friedmann und Grete Kormos,[26] frage den Hausverwalter nach dem Weg. Er gibt freundliche Auskunft. Bei dieser Gelegenheit trage ich mich ihm als Kanzleikraft an, was er mit Freuden akzeptiert. Am nächsten Morgen hält er Appell, wir erfahren alle Pflichten, die wir haben, und der Arbeitsdienst wird zur Not geregelt. Die Reinigung ist erschwert, da wir keine Besen besitzen und mit Zeitungspapier den Mist zusammenkehren. Aber Papier ist auch rar.

Ich bekomme den Kanzleidienst und beginne sogleich damit, einen Index und eine Kartothek[27] anzulegen. Es macht viel Mühe, da ich von Zimmer zu Zimmer gehen muss, um die Daten zu erfragen. Die Meisten sind krank oder senil, so dass man keine richtige Antwort bekommt. Dann sind die Essenskarten auszufertigen.[28] Ich suche mir einen Platz auf einem breiten Fensterbrett und arbeite ungestört. Der Verwalter, wie wir den Hausältesten nennen, ist mit mir zufrieden, bedankt sich vielmals, zeigt mir seine Anerkennung, indem er mir mehr Margarine, Zucker und Milch gibt. Auch eine Matratze bekomme ich von den ersten drei, die ins Haus kommen.

Zu den 260 Wienern kommen noch 48 Personen aus Prag dazu. Die Invasion geschieht mit Plötzlichkeit. Mehrere Zimmer werden

25 Die Deutschen benutzten den Briefverkehr im Ghetto als Straf- bzw. Belohnungsmaßnahme. Auf dem Postweg kamen Essenspakete aus Böhmen und Mähren an. Manche Pakete kamen auch aus Deutschland und Dänemark sowie mit den Lieferungen des Roten Kreuzes. Postkarten und Briefe durften nur in Druckschrift und auf Deutsch geschrieben werden und nicht mehr als 30 Worte enthalten. Der Postverkehr hatte eine immense Bedeutung für die Häftlinge, weil durch ihn Lebensmittel ins Ghetto kamen und er fast die einzige Möglichkeit darstellte, den Kontakt mit der Außenwelt aufrechtzuerhalten.

26 Therese Friedmann wurde am 5. April 1870 in Wien geboren. Sie wurde am 11. Juli 1942 aus Wien deportiert und starb am 1. Dezember 1942 im Ghetto. Margarethe Kormos wurde am 23. November 1873 geboren und am 16. Juli 1942 von Prag nach Theresienstadt deportiert. Am 15. Dezember 1943 wurde sie in das sogenannte Familienlager Theresienstadt von Auschwitz-Birkenau verlegt, wo sie nicht überlebte.

27 Kartei

28 Die Häftlinge im Ghetto erhielten Essenskarten, von denen nach dem Erhalt des Essens Abschnitte entfernt wurden. Ein Verlust der Karte war verhängnisvoll, weil diese nicht ersetzbar war und die Häftlinge ohne sie hungern mussten.

Nun werden die Fenster endgültig geschlossen und dürfen erst wieder geöffnet werden, wenn wir die grosse Donau passiert haben. Über die Verbindungsbahn geht es zum Nordbahnhof, dann weiter. Ich blicke zum Fenster hinaus und erfreue mich am Grün der Wiesen. Ein lange entbehrter Genuss. Die Fahrt ist gut und es ist auch möglich in der Nacht etwas zu schlafen. Wenn der Morgen graut, sind wir bereits im Protektorat und kommen nach Prag. Meiner Geburtsstadt, die ich nur als kleines Kind gekannt habe. Wir fahren um die Stadt herum, den Zentralbahnhof vermeiden wir. So kommen wir nur durch die Vororte; von der Inneren Stadt und dem Hradschin sehe ich nichts. Das tut mir leid.

Um 9 Uhr früh fährt der Zug in Theresienstadt ein. Wir sehen Gendarmen und eine Unzahl junger Leute, Juden, wie man an dem Stern, den sie tragen, erkennt. Einige tragen schwarze Tschakos mit gelben Streifen und gelbe Binde. Das ist die Ghettopolizei. Die Waggons werden der Reihe nach geöffnet. Ein jüdischer Funktionär erscheint und begrüsst uns: „Willkommen in Theresienstadt!“ Dann sagt er uns, dass der Weg den wir zurückzulegen haben, eine halbe Stunde dauert und dass wir lästiges Gepäck zurücklassen sollen, es geht auf Wagen mit. Kranke und Sieche werden auf Lastautos befördert, darunter Cornelie Frank.

Wir marschieren durch ein schönes Städtchen (Bauschowitz) alle Fenster voll Neugieriger, die den Judenzug zu sehen wünschen. Alle 50 Schritte ein Gendarm. Dann kommt die Landstrasse, von Obstbäumen umsäumt. Auf den Feldern arbeiten Männer und Frauen, alle tragen den jüdischen Stern. Wir begegnen viel Jugend. Sie gehen in Kolonnen bis zu 15. Einige von uns können nicht weiter, lassen

ausgeräumt und die Wiener in anderen Zimmern zusammengedrängt. Unter den geräumten Zimmern ist auch das Zimmer von Cornelie Frank. Sie sitzt hilflos wie ein Häuferl Elend auf dem ihr nun zugewiesenen Platz, weiss nichts mit sich anzufangen. Am andern Tag spricht sie wirr. Ich halte es für einen leichten Schlaganfall. Der Arzt meint, dass sie, solange sie ruhig bleibt, im Hause verbleiben kann, aber bei Tobsucht müsste sie in die Psychiatrische kommen. Es ist schwer, mit ihr zu verkehren. Sie fordert Antwort auf ihr Kauderwelsch, das ich nicht verstehe. Da sie ohne die geringste Pflege ist, bitte ich den Verwalter, sie im Spital unterzubringen. Es ist nicht leicht, aber man erfüllt mir den Wunsch. Noch am selben Abend wird sie fortgetragen zu ihrem grossen Entsetzen. Alle meine Vorstellungen, dass ich es gut mit ihr meine, sind umsonst. Ich besuche sie täglich, verstehe sie nicht. Sie spricht ein Durcheinander von Deutsch, Ungarisch und Französisch. Dann spricht sie plötzlich ausschliesslich Französisch und das verständlich, gibt auch Antwort auf meine Fragen. Ich muss einen Tag den Besuch aussetzen, weil das Mittagessen von elf Uhr auf 4 Uhr verlegt wurde, und es gibt nur bis 4 Uhr Einlass ins Spital. Am nächsten Tag erhalte ich die Nachricht, dass sie gestorben ist. Sie soll einen Tobsuchtsanfall gehabt haben.

Ich will zum Begräbnis, aber da höre ich bei kompetenter Stelle, dass sie bereits 12 Stunden nach ihrem Ableben beerdigt wurde. Ich wurde nicht verständigt, weil ich nur eine Schwägerin bin und keine Blutsverwandte. So wurde sie verscharrt.

Ich erhielt einen Durchlassschein von der Bezirksleitung und kann jetzt ungehindert ausgehen und auch Begleitung mitnehmen. Das tue ich. Am Abend setze ich mich mit Mila ins Grüne auf einen Rasen. Auch Theresa Friedmann habe ich besucht. Sie war guter Dinge. Ich versprach, sie bald wieder zu besuchen, aber bisher ist es beim Versprechen geblieben.

Wir leben hier im Ghetto. Es ist ein Judenstaat im wahrsten Sinne des Wortes. Obrigkeit, Polizei, Justiz – alles in Händen der Juden. Ein strenges Regiment, besonders Diebstähle werden schwer bestraft. Der Judenstaat wird absolut regiert; an den Judenältesten ist schwerer heranzukommen wie einst an weiland Kaiser Franz Joseph.

Viele Transporte kommen, auch Transporte nach Polen gehen ab. In solchen Fällen müssen die Fenster geschlossen bleiben und niemand darf die Strasse betreten. Das dauert manchmal eine Stunde und länger.

Unser Verwalter, den wir alle lieben, wird plötzlich entlassen, muss binnen einer Stunde seine Agenden übergeben. Ohne Angabe der Gründe, ohne Beschuldigung; nur weil man es so für gut findet. Wir senden eine Deputation. Viele Unterschriften von Pragern und Wienern demonstrieren gegen die Entlassung. Ohne Erfolg! Mir tut es leid, doch kann man sich auch über den neuen Verwalter nicht beklagen. Mit mir ist er freundlich und ich hoffe, mit der Zeit auch etwas bei ihm durchsetzen zu können. Ich habe jetzt auch eine Kanzlei mit Sessel und Tisch.

Herr Dürrheim ist heimgegangen. Ein Opfer von Theresienstadt. Ich gehe zum Begräbnis. Es ist in der Sudetenkaserne. Ein endlos grosser Hof, auf dem sich das Leben abspielt. Viel Jugend, viel Lärm. In einem Winkel des Hofes findet die Beerdigungsfeierlichkeit statt. Drei Särge aus rohem Holz stehen in einer Reihe und immer wieder bringen Träger Särge herbei, bis es 17 an der Zahl sind, die alle dicht aneinander gereiht stehen. Man sieht Neugierige und Leidtragende. Viele Leute weinen. Ein Herr, Doktor genannt, hält eine kurze Leichenrede auf Czechisch und Deutsch. Während der Rede hält der Lärm im Hofe an. Es wird geschrien, gebrüllt, sogar gesungen. Dann kommt ein Leichenwagen angefahren und hält knapp vor den Särgen, die in 2 Reihen übereinander aufgeladen werden. Wir schreiten hinter dem Wagen her, bis zum Ausgang. Auf den Friedhof darf niemand mit. So ist ein Begräbnis in Theresienstadt und es sind ca. 100 an jedem Tag.[29]

Der Husten peinigt mich sehr. Ich nehme Pulver und Medizin, die ich mitgebracht habe. Hier ist nichts zu bekommen; die Apotheken sind leergefegt. Acht Stunden täglich verbringe ich in der Kanzlei.

Grete Kormos, Lise und Grete Schmahl[30] habe ich bereits getroffen. Es war eine grosse Freude. Grete Schmahl liegt im Spital, in einem Bett auf einem schmutzigen Kissen. Ich schenke ihr einen frischen Ueberzug, worüber sie glücklich ist. Mathilde Wertheimer hat

29 Laut Todesstatistik des Ghettos starben im Juli 1942 933 Menschen und im August 1942 2.327 Menschen. Die Toten wurden zwar in Särgen aus dem Ghetto getragen, es ist aber unklar, bis zu welchem Zeitpunkt sie noch darin begraben wurden, da es einen großen Mangel an Särgen und an Holz für den Sargbau gab.

30 Margarethe Schmahl, geb. Wolf, war die Cousine von Camilla Hirsch. Sie wurde am 24. Dezember 1882 geboren und am 23. Juli 1942 von Wien nach Theresienstadt deportiert, wo sie am 31. August 1942 verstarb. Ihr Mann Rudolf Schmahl wurde am 25. Juni 1888 geboren und zusammen mit seiner Frau nach Theresienstadt deportiert, wo er am 24. Oktober 1943 starb.

sich auf der Strasse nieder und werden später aufgeklaubt. Ich schleppe einen Wintermantel den ich über meinem Winterkleid anhabe da meine Hände voll von kleinem Gepäck sind. Es ist drückend heiss.

Nach 1½ Stunden, 15. Juli ½1 Uhr, sind wir am Ziel. Theresienstadt! Ein freundliches Städtchen, das einmal wohl 5000 Personen fasste, jetzt sind es mehr als 40.000. Man sieht ganze Reihen noch leerstehender Häuser, die auf den Belag warten. Man kann sich nicht leicht verlaufen, denn die Stadt besteht ausschliesslich aus Längs- und Querstrassen, die arithmetisch geordnet sind. Die Längsstrassen mit L 1 u.s.w., die Querstrassen mit Q. Wir kommen vorläufig in eine Schleuse, um von da zum definitiven Wohnort zu gelangen. Der Weg führt an zahlreichen Kasernen vorbei, aber noch immer sind wir nicht am Ziel. Dann ein grosser Platz mit verglasten Baracken, die als Werkstätten dienen.

Das Haus, das uns zugewiesen wird, ist das ehemalige Bräuhaus. Eine grosse zweistöckige Front mit 2 Seitenflügeln, in der Mitte ein grosser Hof mit einem Brunnen und einem Riesenbehälter für den Müll. Der Hof ist der Sammelplatz, es wird den ganzen Tag Wasser geschöpft, getrunken und gewaschen. Trotzdem man den Leuten erklärt, dass Verunreinigung des Brunnens Typhusgefahr bedeutet, geschicht dies immer aufs Neue. Die Klosette sind in desolatem Zustand. Aber wir haben rasch eine Hilfskolonne gebildet. Jeder Insasse unseres Traktes bewacht die Reinlichkeit des Klo's durch eine halbe Stunde. Das macht Schule im ganzen Haus.

Durch Erfahrung in der Malzgasse klug geworden, suche ich ein Zimer mit wenig Insassen zu bekommen. Wir sind im Ganzen sechs, darunter Mila und ein Ehepaar. Der Mann schwer asthmatisch; die Frau in steter Sorge um ihn, läuft um den Arzt bei Tag und bei Nacht. Das Leiden ist durch die ausge-

mich aufgesucht.[31] Sie sieht zum Erbarmen aus. Möchte gern bei uns im Hause wohnen, aber ich glaube nicht, dass es gehen wird.

Das Wetter ist gut. Ich sitze im Hof, auf einer der Bänke, die Insassen gezimmert haben, und schreibe trotz des Lärmens und Streitens um mich herum. Ruhe habe ich nur in der Kanzlei.

Das Essen immer gleich. Morgens schwarzer Kaffee, mittags leere Suppe und Kartoffel mit Tunke oder etwas Fett. Abends eine dicke Suppe oder schwarzer Kaffee.

8.8.1942

Heute ist Samstag, da ist am Nachmittag kein Büro. Ich schlafe nach Tisch eine halbe Stunde länger, und dann probieren wir eine Bridgepartie. Unser Tisch besteht aus übereinander gelegten Koupékoffern, jeder von uns hat ein Stockerl,[32] das wir gegen Brot und Zucker erworben haben. Geld kennt man hier nicht. Es ist hier die Stadt ohne Möbel und ohne Geld. Dr. Frei,[33] einer der Bridgepartner, hat 4 Karten ins Kabarett bekommen und nimmt mich und Mila mit. Das Kabarett findet in der Magdeburger Kaserne statt. Ein 4fenstriger hoher Saal mit Bänken ohne Lehne ist bis auf den letzten Platz besetzt, und ungefähr hundert Personen stehen in den Gängen. Fast lauter Jugend. Alles ist fröhlich und wohlgemut. Die Darbietungen sind gut. Ueberraschend gut sogar. Frisch, munter und nicht verstaubt; von den Vortragenden selbst verfasst. Eine hübsche Sängerin singt einige Lieder mit schöner Stimme und Koloratur; kommt ganz hoch hinauf. Der Schluss ist der Frühlingsstimmen-Walzer. Um 9 Uhr ist Schluss. Ein genussreicher Abend, für den ich dankbar bin.

9.8.1942

Gut geschlafen, erwache um 6 Uhr. Zum Frühstück ein Schluck Schwarzer, dann Kanzleidienst. Mittag Suppe, Kartoffel mit Lebersauce. Gut, aber viel zu wenig! Nachmittag bei Grete Schmahl im Spital. Herrn Hendl, ein reicher Mann, den ich aus Wien kenne, getroffen. Er ist furchtbar abgemagert, bittet um ein Stückchen Brot.

31 Mathilde Wertheimer wurde am 23. Juli 1869 geboren und am 21. Juni 1942 von Wien nach Theresienstadt deportiert, wo sie am 19. Januar 1944 starb.

32 Hocker

33 Dr. Sigmund Frei wurde am 16. November 1884 geboren und am 14. August 1942 von Wien nach Theresienstadt deportiert. Am 28. Oktober 1944 wurde er nach Auschwitz-Birkenau verlegt und dort ermordet.

Immer mehr Verwandte tauchen auf. Tina Pollak mit ihrer Tochter ist auch hier. Ich freue mich auf ein Wiedersehen nach mehr als 50 Jahren. Auch Max Lengsfelder mit Frau und Paula Wolf sind hier, aber ich weiss ihre Adresse noch nicht.[34]

11.8.1942

Wir werden von der Strassen-Polizei wegen schlechter Verdunklung beanstandet, doch ist es unmöglich, in einem Zimmer, wo 17 Personen liegen, die durch ein Nebenzimmer mit 12 Personen gehen müssen, des Nachts ohne Licht zu sein. Man würde bei notwendigem Hinausgehen auf Köpfe der Schlafenden treten. Der Verwalter wird Remedur[35] schaffen.

Um 6 Uhr Lever.[36] Der tägliche Kampf um ein Plätzchen zum Waschen. Um 8 Uhr Kanzleidienst. Das Wichtigste ist der »Stand«, der zweimal täglich abgegeben werden muss. Abgang ins Spital, Todesfall etc. Wehe, wenn ein Insasse fehlt! Heute haben wir Zuwachs bekommen, zehn Personen aus Hamburg zwischen 78 und 88 Jahren. Wir haben bald ein Siechenhaus.

Mittag Suppe und Kartoffelgulasch. Gut, aber viel zu wenig. Früh und Abend Kaffee.

Grete Schmahl ist krank, Durchfall! Bei mir ist diese Erscheinung zum Glück bereits vorbei.

Insassen haben einen langen Tisch nebst Bank gezimmert für den Hof. Ich bin zum Mittagessen da gesessen. Zum ersten Mal seit 60 Tagen, dass ich bei einem Tisch gegessen habe.

Ich war bei der »Fürsorge« für drei Frauen, die noch kein Gepäck erhalten haben und die, seit sie hier sind, noch nicht aus den Kleidern gekommen sind. Elend über Elend!

Ich schreibe ein paar Gedichte nieder, die Grete Schmahl in Theresienstadt gemacht hat, knapp vor ihrem Tode:

34 Ernestine Pollak wurde am 16. August 1869 geboren und am 15. Juli 1942 von Wien nach Theresienstadt deportiert. Am 21. September 1942 wurde sie in das Vernichtungslager Treblinka verlegt und dort ermordet. Dr. Max Lengsfelder, Arzt und Cousin von Camilla Hirsch, wurde am 27. November 1877 geboren, am 28. April 1942 von Wien nach Theresienstadt deportiert und später in das Familienlager Theresienstadt von Auschwitz-Birkenau verlegt, wo er ermordet wurde. Seine Frau Olga Lengsfelder wurde am 1. August 1882 geboren. Ihr Schicksal glich dem ihres Mannes.

35 Abhilfe

36 Gemeint ist das morgendliche Waschen.

standenen Strapazen nicht besser geworden. Der Mann ist eine Woche später gestorben.

Die grosse Sensation des Tages ist das Zubringen der Bettsäcke. Sie liegen in Bergeshöhe auf dem Hof, belagert von einer Unzahl Menschen, die nach ihren Betten schreien und dadurch die Arbeit der sich wirklich redlich bemühenden Ordner erschweren. Ich habe Glück und bekomme meinen Bettsack noch am selben Abend, so dass ich mir ein Lager am blossen Boden bereiten kann. Am nächsten Tag kommt das kleine Gepäck daran und zum Schluss die Koffer. Ich habe alles bekommen, bis auf einige Kleinigkeiten. Zünder, Kerzen, Schreibpapier und ein Kleid ist mir nichts abhanden gekommen. Amelie Frank ist es nicht so gut gegangen, sie bekommt ihren Bettsack leer. Duchent und Pölster sind verschwunden.

Ärzte kommen und untersuchen die Köpfe. Das ist eine Beruhigung denn die Furcht vor Läusen ist gross. Das Haus dürfen wir nur verlassen, um den Weg in die gegenüber liegende Kaserne angetreten, um das Essen zu fassen. Das kostet jedesmal eine Stunde Zeit. Man steht in Schlangen. Das Essen besteht aus schwarzem Kaffee zum Frühstück, Suppe mit Kartoffel und Tunke zum Mittagessen. Manchmal löst ein Knödel das Monotone der Speisekarte ab. Zum Abendessen Suppe oder schwarzer Kaffee. Aber gute Milch bekommen wir, jeder einen Viertelliter ein bis zweimal in der Woche, etwas Margarine, 5 dk Wurst und genügend Brot. Es ist steinhart, auch manchmal bitter, aber es wird gegessen. Wir haben hier „den besten Koch"! Ich schaue mich nach Dürrheims um, der Mann hat sich in ein paar Tagen bis zur Unkenntlichkeit verändert. Ich glaube nicht, dass er es lange machen wird. Cornelie ist guter Dinge, sie freut sich, dass wir beisammen sind und gibt mir Tee und Schokoladestückchen. Ich suche meine ehemalige 86 jährige Hausfrau. Sie liegt im Marodenzimmer. Das ist die Hölle. Die Kranken liegen am Fussboden, selten auf einer Matratze, kaum

Sterben …

Sterben! Wie wenig bedeutet das hier
In diesen traurigen Räumen.
Man streckt sich und ist schon erlöst von hier,
Von Hassen, Hoffen und Träumen.
Man sieht keine Träne,
Man spricht kein Gebet,
Man merkt nicht Rührung noch Trauer,
So wird ein Blatt vom Baume geweht.
Hier hat der Tod keine Schauer.
Die Nachbarn sehen ruhig an,
Die steife verhüllte Puppe,
Ach, nur gestorben, was liegt daran,
Man löffelt seine Suppe.
Man schliesst die Augen,
Man schneidet das Brot,
Das Essen nicht zu versäumen.
Dann kommt die Bahre,
Das ist der Tod,
In diesen traurigen Räumen.

Ein Kranker muss warten …

Ein Kranker muss schweigend warten,
Ob er in Schmerz auch wacht,
Ein Kranker muss schweigend warten,
Bis ihm das Bett gemacht.
Ein Kranker muss schweigend warten,
Sei warm ihm oder kalt.
Ein Kranker muss schweigend warten,
Die Schwester kommt ja bald:
Ein Kranker muss schweigend warten
Bis Hilfe ihm gereicht,
Ein Kranker muss schweigend warten,
Bis ihn der Tod beschleicht.
Er darf nicht jammern noch klagen,
Nicht zanken oder schreien,
Dann wird er, wenn auch unter Plagen,
Der Schwester Liebling sein!

Man sorgt für uns!

Man sorgt für uns, wir bekommen zu essen,
Suppe, Kartoffel und Kaffee.
Doch die Ration ist so bemessen,
Dass man verhungert, und Hunger tut weh.

Man sorgt für uns, wir haben auch Betten
Oben Matratze und unten Holz
Ja, wenn wir noch Polster und Decken hätten,
Wie wären sie auf diese Leistung stolz!

Man sorgt für uns, wir werden verpflegt,
Spitäler Aerzte und Pflegerinnen,
Doch die Apotheke ist leergefegt.
Was mit den Patienten beginnen?

Man sorgt für uns, wir werden begraben,
Wenn wir endlich gestorben sind,
Über die Totenstadt fliegen die Raben,
Und unsere Asche verweht der Wind.

18.8.1942

Ein Tag vergeht wie der andere. Ich weiss wohl das Datum, aber selten, ob Montag oder Dienstag ist. Grete Schmahl hat einige Gedichte gemacht, sehr sentimental. Ich habe drei kopiert, der Inhalt wirft Schlagschatten auf die hiesigen Verhältnisse. Ich bin optimistisch genug, zu hoffen, dass ich diese Zeilen einmal ins Reine werde schreiben können. Nur gesund muss man bleiben, und das ist Glücksache. Es ist grosse Seuchengefahr, die durch das enge Aneinanderliegen gefördert wird. Auch das Essen ist nicht ausreichend, und wenn auch weniger Essen Gewohnheit werden kann, so ist es doch insofern gefährlich, als die Kost immer eintönig bleibt. Sie macht nicht widerstandsfähig. Täglich Kartoffel, niemals Gemüse, wenig Fett, manchmal einen Knödel, aber der ist meistens kalt, was kein Wunder ist, wenn ca. 9000 Menschen aus einer Küche gespeist werden. Wenn wir uns abends niederlegen, so nacheinander, 75 cm Platz ist für jeden bemessen, so erinnert mich das an Grabstätten und gar manche sehen weder Hilfe noch Pflege. Einige sind bereits gestorben. Viele Insassen klagen über Durchfall. Man hütet sich vor dem Wasser, aber die Leute sagen, es komme vom Brot. Man hört selten ein deutsches Wort und bekommt auch viel eher Auskunft wenn man der Frage ein „prosím" vorsetzt. Ich suche meine paar böhmischen Brocken hervor und nehme mir vor, zuzulernen.

Nach 5 tägigem Aufenthalt übersiedeln wir ins definitive Heim. Wir packen unsere Sachen zum fünften Mal seit wir das Heim verliessen und hoffen nur auf ein Wiedersehen. Mila und ich schleppen so viel als möglich selbst, damit wir das Notwendigste in der Hand haben. Wir werden im Hof aufgestellt, abgezählt. 260 Personen kommen wir in ein Haus, an der Spitze schreitet der neue Hausälteste, der den Zug führt. Es sind kaum 10 Minuten Wegs, aber er erscheint mir endlos. Ich muss manchmal stehen bleiben und meine Sachen abstellen, endlich sind wir beim Haus L 223. Ein grosser Hof, wenn auch um Vieles kleiner als der frühere, nimmt uns auf. Wir werden wieder abgezählt und dann in die Zimmer verteilt. Der Hausälteste schlägt uns vor, mit fremden und guten Bekannten beisammen zu bleiben, Ehepaare werden getrennt. Mit Mühe gelingt es mir, mit Mila beisammen zu bleiben, aber endlich sind wir glücklich in unserem Zimmer. Ein freundliches zweifenstriges Gemach mit Gassenaussicht, und einem Blick auf eine Allee von schönen Bäumen. Wir sind 17 Personen. Mila und ich nehmen den Platz zwischen den Fenstern, die Uebrigen verteilen sich an den 3 Wänden. Das Zimmer ist vollkommen leer. Ich lege meinen Bettsack als Unterlage, darauf Duchent und Polster und decke mich mit einer Reisedecke zu, dann schlafe ich bis zum frühen Morgen. Ich stehe um 5 Uhr auf, um mich ungehindert waschen zu können. Das Wasser schöpfe ich am Brunnen in meine Menageschale und schütte mir es auf den Waschlappen. Die Zähne putze ich im Hof bei einem Ausguss. Das Essen wird weiter aus der Magdeburger Kaserne geholt, es ist die einzige Zeit, wo man das Haus verlassen darf. Ich bin müde und wir liegen, die Toten gleichen. Wir haben auch schon eine Tote im Zimmer gehabt.

Aber die Arbeit hilft über vieles hinweg, auch hat man dadurch eine Ausnahmestellung. So z. B. kann ich ungehindert ausgehen, während andere erst auf den Kolonnenführer warten müssen, um vor die Tür zu kommen. Auch bekomme ich jetzt, seit ich »bestätigt« bin (das ist vom Arbeitsamt), 4 Dk Brot täglich mehr. Es soll auch eine Zubusse[37] von etwas Leberpastete geben. Auf diese warte ich schon ungeduldig.

Klara Grünwald[38] ist hier, leider konnte sie mir nichts Genaues über Anni sagen. Ich glaube, sie ist bereits in Polen. Max Lengsfelder habe ich noch nicht gesehen, aber seine Frau habe ich gesprochen. Sie sind zum Polentransport eingeteilt, der in 2 Tagen von hier abgehen wird. Das ist das grösste Elend! Transporte kommen fast täglich aus Wien, Berlin, Prag, München, Dresden. Die Berliner sind noch immer begeistert vom Regime. Merkwürdige Menschen!

Die Gendarmerie wird gegrüsst, gedankt wird nicht. Bei Nichtgrüssen Stockstreiche.[39]

24.8.1942

Ich war krank. Die Lagerkrankheit: Abführen mit Brechreiz.[40] Der Arzt gab mir Tierkohle, 2 Stück. Das Übrige, was ich brauchte, ist aus meinem eisernen Vorrat. Ich ekle mich vor dem Essen, die Suppe kann ich nicht hinunterbringen. Schwarzer Kaffee ist mir noch am liebsten. Heute habe ich wieder im Büro gearbeitet, glaubte, dass ich schon ganz wohl bin, aber es ist nicht so. Ich fühle mich sehr schwach und es ist sehr schwer, zu neuen Kräften zu kommen, da man doch fast keine Lebensmittel besitzt, und von Kartoffeln allein, einmal im Tag und das unzulänglich, kann man sich schliesslich nicht erholen. Muss es halt die Ruhe machen.

37 Lebensmittelprämie

38 Klara Grünwald war wahrscheinlich eine Verwandte von Camilla Hirsch. Sie wurde am 22. Januar 1875 geboren und am 29. Juli 1942 von Wien nach Theresienstadt deportiert. Am 21. September 1942 wurde sie in das Vernichtungslager Treblinka verlegt und dort ermordet.

39 Stockhiebe

40 Wegen der schrecklichen Enge im Ghetto war es äußerst schwierig, auf die Hygiene zu achten. Der Durchfall, der infolge von mangelnder Hygiene und Unterernährung auftrat, wurde »Theresinka« genannt. Er verbreitete sich rasch und viele der Insassen erkrankten daran.

Ein Transport kommt nach dem andern. Kasernen, Häuser und Strassen sind überfüllt. Hunderte von Bettrollen lagern auf den Strassen. Wir bekamen in der Nacht einen Zuwachs von 30 Frankfurtern. Alle in hohem Alter, einige nicht ganz bei Sinnen. Man legt sie in ein Gassenlokal,[41] ehemals ein Selcherladen.[42] Jetzt sieht man nichts von Selchwaren. Der Steinboden ist mit Brettern belegt und darauf sitzen die Leute, bis sie zu ihrem Gepäck kommen werden. Das dauert manchmal wochenlang. Ich hatte in dieser Beziehung unerhörtes Glück.

Unser neuer Verwalter entpuppt sich als guter Mensch, er kümmert sich um seine Insassen. Ich komme sehr gut mit ihm aus. Gestern hat er uns mit einem bunten Abend überrascht. Die Vortragenden waren zum Teil aus unserem Haus. Frau Stein, eine ehemalige Sängerin vom Theater an der Wien, 83 Jahre alt, hat rührend schön gesungen, dann eine Konzertsängerin. Herr Fischer, den ich aus Wien kenne, gibt das »Fiakerlied« und Heurigenlieder zum besten. Den übrigen Teil des Abends besorgte Jugend, die aber nicht zu uns ins Haus gehört. Denn wir sind ein Altersheim, 95% über 70 Jahre. Die Aufführung fand im Hof statt. Das Podium vor der Senkgrube, die aber mit Flanelldecken verhüllt wurde. Im Nebenhaus hört man plötzlich Lärm, man weiss nicht, woher er kommt, denkt anfangs an Streit, dann an Demonstration. Aber wie wir dann Applaus hören, werden wir eines Besseren belehrt. Sie hatten auch eine Aufführung. Zufall!

27.8.1942

Nelly ist hier. Sie kam mit dem 8. Wiener Transport. Ich kam mit dem vierten. Rudi Schmahl hat mich davon verständigt und mir zur Not erklärt, wo ich sie in der Dresdner Kaserne am Dachboden finden kann. Es hat viel Mühe gekostet! Mila und ich machten uns sofort auf den Weg. Wie die Leute auf dem Boden lagern, spottet jeder Beschreibung. Es herrscht Finsternis, die nur durch einige armselige Glühbirnen erhellt wird. Ich bin über mindestens 8–9 Pfosten gestiegen, sie sind so hoch, dass vor und hinter den Pfosten eine Holzstufe angebracht ist. Man verliert leicht das Gleichgewicht, wenn man kei-

41 Aufgrund des akuten Mangels an Unterkünften im Ghetto wurden die Häftlinge auch in den ehemaligen Läden der Tschechen untergebracht, die gezwungen worden waren, Theresienstadt zu verlassen.

42 Ein Selcherladen ist ein Betrieb, in dem geräucherte Fleisch-, Wurst- und Fischwaren (Selchwaren) hergestellt und verkauft werden.

schlafe viel. Briefe abzusenden ist bei Todesstrafe verboten. Ich kenne einen Fall, wo ein 22 jähriger Junge gehenkt wurde, weil er einen Brief nach Prag an seine Braut schmuggelte und der aufgefangen wurde. Auch sonst gibt es für Vieles Todesstrafe oder Polen. Dagegen existiert Lokopost. Man wirft Nachrichten in den im Hausflur befindlichen Postkasten und sie kommen getreulich an.

Junge Leute zimmern sehr Holzsessel gegen etwas Brot. Ich verschaffe mir einen solchen.

Ich suche Therese Friedmann und Grete Korms, frage den Hausverwalter nach dem Weg. Er gibt freundliche Auskunft. Bei dieser Gelegenheit trage ich mich ihm als Kanzleikraft an, was er mit Freuden akzeptiert. Am nächsten Morgen hält er Appell, wir erfahren alle Pflichten, die wir haben und der Arbeitsdienst wird zur Not geregelt. Die Reinigung ist erschwert da wir keine Besen besitzen und mit Zeitungspapier den Mist zusammenkehren. Aber Papier ist auch rar.

Ich bekomme den Kanzleidienst und beginne sogleich damit, einen Index und eine Kartothek anzulegen. Es macht viel Mühe, da ich von Zimmer zu Zimmer gehen muss, um die Daten zu erfragen. Die Meisten sind krank oder senil, so dass man keine richtige Antwort bekommt. Dann sind die Essenkarten auszufertigen. Ich suche mir einen Platz auf einem breiten Fensterbrett und arbeite ungestört. Der Verwalter, wie wir den Hausältesten nennen, ist mit mir zufrieden, bedankt sich vielmals, zeigt mir seine Anerkennung, indem er mir mehr Margarine, Zucker und Milch gibt. Auch eine Matratze bekomme ich von den ersten drei, die ins Haus kommen. [Zu den 260 Wienern kommen noch 48 Personen aus Prag dazu. Die Invasion geschieht mit ~~solcher~~ Plötzlichkeit. Mehrere Zimmer werden ausgeräumt und die Wiener in anderen Zimmern zusammengedrängt. Unter den geräumten Zimmern ist auch das Zimmer von Cornel Frank. Sie sitzt hilflos, wie ein Häuferl Elend auf dem ihr neu zugewiesenen Platz, weiss nichts mit sich anzufangen. Am andern Tag spricht sie wirr. Ich halte es für einen leichten Schlaganfall. Der Arzt meint, dass sie solange sie ruhig bleibt, im Hause verbleiben kann, aber bei Tobsucht müsste sie in die Psychiatrische kommen. Es ist schwer mit ihr zu

ne Hilfe hat. Aber in dieser Beziehung findet man immer freundliche Hände, die einen vor dem Fussbrechen bewahren. In der Finsternis konnte ich nichts unterscheiden, so verlegte ich mich aufs Rufen. Ich habe Gott sei Dank noch immer meine gesunde Stimme, und richtig, Nelly meldete sich. Das Wiedersehen war herzlich. Sie sitzt auf dem nackten Boden, hat sich aber eine Dachluke erobert, durch die sie Luft und Licht bekommt. Einige ihrer Freunde waren bei ihr. Ich habe unseren Verwalter gebeten, sie zu uns ins Haus zu nehmen, denn gegen diese Dachbodenubikation sind wir fürstlich untergebracht. Ich hoffe, dass die Formalitäten bald erledigt sein werden und sie zu uns ziehen kann.

28.8.1942

Heute sind wir mit Nelly herumgelaufen und haben die notwendigsten Wege gemacht. Theresienstadt ist nicht gross, aber man wird furchtbar müde, das macht das Pflaster und der unerhörte Staub. Ausserdem ist, ich weiss nicht zu wessen Nutzen und Frommen, ein grosser Teil der Strassen gesperrt. Diese sind aber nicht immer dieselben. Was zum Beispiel heute anstandslos begangen werden darf, ist morgen verboten. Und umgekehrt, so dass man die doppelte Zeit zu einem Weg braucht als nötig. Die Strassen sind jetzt sehr überfüllt, man merkt den grossen Zuzug schon sehr, und auch bei uns ist der Dachboden bereits ausgemessen worden, der Unglücklichen, die später ankommen werden, als Unterkunft dienen soll. Ich bin froh, dass ich schon da bin und verhältnismässig gut untergebracht.

Nellys Koffer wurden saisiert.[43] Man hat ihr dies einfach mitgeteilt. Zum Glück brachte sie sich im Rucksack und Bettsack Notwendiges mit.

Auf den Strassen begegnet man zahlreichen Bahren, teils verhüllt, das sind Tote, teils unverhüllt, das sind die, welche noch nicht tot sind.

Ich leide Hunger. Sehnsüchtig schaue ich nach Mila aus, die mir etwas zum Essen in die Kanzlei bringt. Viele Vorräte aus Wien haben wir nicht mehr. Gestern zu Mittag erhielten wir ausser der leeren Suppe, die aus Erdäpfelwasser bestand, einen grossen und einen kleinen Kartoffel mit etwas Margarine. Das ist das einzig Konsistente für 24 Stunden. Das Brot ist beinahe ungeniessbar.

43 beschlagnahmt

29.8.1942

Aus einem Tagesbefehl: »Laut Mitteilung der Lagerkommandatur wurde Kukuruz[44] auf den Maisfeldern gestohlen. Jeder, der beim Diebstahl von Maiskolben ertappt wird, hat mit strenger Strafe zu rechnen. Die Flurenwärter[45] wurden angewiesen, im betreffenden Fall von der Schusswaffe Gebrauch zu machen.« Armer hungriger Wilddieb! Die gesamte Kost sind 2 Kartoffel im Tag!

Nelly kommt zu uns ins Haus. Sie ist froh und wir auch. Die Transporte von hier nach Polen häufen sich, aber bisher gehen nur Leute aus dem Protektorat und zumeist junge. Hier werden schliesslich nur Kranke und Sieche zurückbleiben. Wer ihnen dann helfen soll, das ist die Frage. Man rechnet hier bis zu 70.000 Einwohner. Ich glaube, die Dachböden werden nicht reichen.

3.9.1942

Grete Schmahl ist gestorben. Es war eine Erlösung. Als ich am Tag vor ihrem Ableben bei ihr war, hat sie umsonst nach der Schwester gerufen, sie war überbürdet und hat ihr trotz meines Bittens nicht helfen wollen, so dass ich mit dem innerlichen Wunsch weggegangen bin, sie möge sobald als möglich erlöst werden. Eine ruhrartige Diarrhoe war die Todesursache. Heute war das Begräbnis von der Zentralleichenhalle aus. Es war womöglich noch schauriger und schrecklicher als das bei Dürrheim in der Sudetenkaserne. Ein tiefer Torweg, der zu einer abschüssigen Fläche (Allee) führt, und dahinter die Leichenhalle, aus der die Särge hinausgetragen werden, um in der Allee aufgestellt zu werden. Immer 34 an der Zahl. Für die Leidtragenden nur ein ganz schmaler Gang zwischen den Särgen und der Mauer auf der einen Seite, auf der andern abschüssiger Rasen. Man hört Weinen und Schluchzen, auf manchem Sarg liegt ein abgebrochener grüner Zweig von irgendwoher. Auf jedem Sarg der Name des Toten. Grete Kormos, Nelly, Rudi und ich sind die einzigen Anwesenden. Zwischendurch werden Bahren mit Toten in die Leichenhalle getragen, bei dem schmalen Durchgang eine mühselige Sache. Immer wieder muss man ausweichen und sich auf den abschüssigen Rasen retten, wenn man mit den Bahren nicht zusammenstossen will. Dann wur-

44 Mais

45 Flurwärter waren für den Schutz landwirtschaftlich genutzter Felder verantwortlich und mit einer Schusswaffe ausgestattet.

verkehren. Sie fordert Antwort auf ihr Kauderwelsch, das ich nicht verstehe. Da sie ohne die geringste Pflege ist, bitte ich den Verwalter sie im Spital unterzubringen. Es ist nicht leicht, aber man erfüllt mir den Wunsch. Noch am selben Abend wird sie fortgetragen zu ihrem grossen Entsetzen. Alle meine Vorstellungen, dass ich es gut mit ihr meine, sind umsonst. Ich besuche sie täglich, verstehe sie nicht. Sie spricht ein Durcheinander der von Deutsch, Ungarisch und Französisch. Dann spricht sie plötzlich ausschliesslich Französisch und das verständlich, gibt auch Antwort auf meine Fragen. Ich muss einen Tag den Besuch aussetzen, weil das Mittagessen von elf Uhr auf 4 Uhr verlegt wurde und es gibt nur bis 4 Uhr Einlass im Spital. Am nächsten Tag erhalte ich die Nachricht, dass sie gestorben ist, sie soll einen Tobsuchtsanfall gehabt haben.

Ich will zum Begräbnis, aber da höre ich bei kompetenter Stelle, dass sie bereits 12 Stunden nach ihrem Ableben beerdigt wurde. Ich wurde nicht verständigt, weil ich nur eine Schwägerin bin und keine Blutsverwandte

So wurde sie verscharrt.

Ich erhielt einen Durchlass-schein von der Bezirksleitung und kann jetzt ungehindert ausgehen und auch Begleitung mitnehmen. Das tue ich. Am Abend setze ich mich mit Mola ins Grüne auf einen Rasen. Auch Therese Friedmann habe ich besucht. Sie war guter Dinge. Ich versprach, sie bald wieder zu besuchen, aber bisher ist es beim Versprechen geblieben.

Wir leben hier im Ghetto. Es ist ein Judenstaat im wahren Sinne des Wortes. Obrigkeit, Polizei, Justiz – alles in Händen der Juden. Ein strenges Regiment, besonders Diebstähle werden schwer bestraft. Der Judenstaat wird ab-solut regiert; an den Judenäl-testen ist schwerer heranzukommen, wie einst an weiland Kaiser Franz Joseph.

Viele Transporte kommen, auch Transporte nach Polen gehen ab. In solchen Fällen müssen die Fenster geschlossen bleiben und niemand darf die Strasse be-treten. Das dauert manchmal eine Stunde und länger.

Unser Verwalter, den wir alle

de eine kurze, würdige Rede gehalten, womit die Feierlichkeit zu Ende war. Halbnackte, schweisstriefende junge Burschen schleppen die Särge auf den wartenden Wagen, sie werden zu viert übereinander geschichtet, dann fährt die Fuhre davon. Wir dürfen nur nachschauen, denn die Leichenhalle liegt an der Grenze des (Stacheldrahts) für die Juden gestatteten Gebiets.

Nelly wohnt jetzt bei uns und auch Mathilde Wertheimer. Von Letzterer habe ich keine besondere Freude, da sie unzufrieden und unverträglich ist. Ich werde meine liebe Not haben. Mit Nelly bin ich froh, denn ich habe sie gern und freue mich, dass sie aus der Kaserne draussen ist. Sie wohnt ein Zimmer neben uns.

Heute erhielten wir den Befehl, den Dachboden in Ordnung zu bringen. 100 Personen sollen hinaufkommen. Es wird schrecklich sein.

Beinahe täglich in dieser Woche ist jemand in unserem Haus gestorben. Man wird so abgestumpft von dem vielen Leid und Elend, dass es einen fast nicht mehr berührt. Nur wenn man hört, dass der Arme ausgelitten hat, ist man erleichtert und froh, dass er es überstanden hat.[46]

Gretes letztes Gedicht:

Meine Seele ist frei!

Ich liege hier im Lazarett
Auf einem Schragen[47] statt einem Bett
Mein Körper wurde zum Skelett,
doch meine Seele ist frei!

Mein Körper ist vom Liegen matt,
Mein Magen wird nur selten satt,
Ich lebe in Theresienstadt,
doch meine Seele ist frei!

46 Der Schock der Deportierten über die unmenschlichen Lebensbedingungen im Ghetto führte zu Depressionen und zahlreichen Selbstmorden. Die meisten Selbstmorde wurden bald nach der Ankunft und häufig von vereinsamten alten Menschen aus dem Reich und aus Österreich begangen, die mit der Demütigung und dem Hunger nicht zurechtkamen.

47 Holzbock

Ich habe nicht, was ich mir erkor,
Beklage nicht, was ich verlor,
Es schwebt zum Himmel empor, meine Seele!
Meine Seele ist frei!

15.9.1942

Das Essen ist heute besser. Ein Ereignis! Wir haben Erdäpfelpüree zum Abendessen, während wir bisher noch nie etwas anderes bekommen haben als schwarzen Kaffee oder dünne Suppe. Selbstverständlich gibt das zu denken und es schwirren viele Gerüchte in der Luft. Man sagt, dass wir unter dem Schutz fremder Mächte stehen. Ich kann nicht daran glauben, es wäre zu schön. Vederemo![48]

16.9.1942

Es hat sich etwas Trauriges ereignet. Nelly, meine liebe Freundin, hat sich mit Veronal vergiftet. Es war eine grosse Übereilung und wahrscheinlich die erste Dummheit, die sie im Leben gemacht hat. Schuld daran war ein nicht wegzubringender Durchfall, der über 8 Tage anhielt, aber das ist doch schliesslich kein Grund zum Selbstmord! Noch dazu, wenn man Kinder hat. Kaum war sie tot, als ihr Schwager, der ehemalige Präsident der Wiener Kultusgemeinde, hier mit seiner Frau eintraf.[49] Es war ein wunderschönes Verhältnis zwischen ihr und dem Schwager, und wenn sie gewusst hätte, dass er auch nach Theresienstadt kommt, hätte sie es gewiss nicht getan. Er ist sofort hier in den Aeltesten-Rat aufgenommen worden. Aber was einmal geschehen ist, lässt sich leider nicht mehr ändern. Sie hat mir einiges hinterlassen, wovon sie am Tag zuvor mit mir gesprochen hat, aber ich habe an eine ernste Absicht ihrerseits keinen Augenblick gedacht.

Die Menschen sterben hier wie die Fliegen. Wir haben heute 3 Tote im Hause. Kein Wunder, wo lauter Überalterte hierherkommen. Im

48 Wir werden sehen!

49 Dr. Desider Friedmann war Jurist und zionistischer Führer in Wiens Jüdischer Gemeinde. Er fungierte in den Jahren 1933 bis 1938 als Präsident der Israelitischen Kultusgemeinde in Wien und war der einzige Jude im österreichischen Parlament. Im September 1942 wurde er mit seiner Frau nach Theresienstadt deportiert, wo er am 1. Oktober 1942 als Repräsentant der österreichischen Juden in den Ältestenrat des Ghettos berufen wurde. Im Juni 1943 wurde er zum Direktor der »Bank der jüdischen Selbstverwaltung« im Ghetto ernannt. Am 28. Oktober 1944 wurde er mit seiner Frau nach Auschwitz-Birkenau verlegt und dort ermordet.

lichen, wird plötzlich entlassen, muss binnen einer Stunde seine Agenden übergeben. Ohne Angabe der Gründe, ohne Beschuldigung; nur weil man es so für gut findet. Wir senden eine Deputation. Viele Unterschriften von Pragern und Wienern demonstrieren gegen die Entlassung. Ohne Erfolg! Mir tut es leid, doch kann man sich auch über den neuen Verwalter nicht beklagen. Mit mir ist er freundlich und hoffe ich mit der Zeit auch etwas bei ihm durchsetzen zu können. Ich habe jetzt auch eine Kanzlei mit Sessel und Tisch.

Herr Dürrheim ist heimgegangen. Ein Opfer von Theresienstadt. Ich gehe zum Begräbnis. Es ist in der Sudetten Kaserne. Ein endlos grosser Hof auf dem sich das Leben abspielt. Viel Jugend, viel Lärm. In einem Winkel des Hofes findet die Beerdigungsfeierlichkeit statt. Drei Särge aus rohem Holz stehen in einer Reihe und immer wieder bringen Träger Särge herbei bis es 17 an der Zahl sind, die alle dicht aneinander gereiht stehen. Man sieht Neugierige und Leidtragende. Viel Leute weinen. Ein Herr, Doktor genannt, hält eine kurze Leichenrede auf czechisch und deutsch. Während der Rede hält der Lärm im Hofe an. Es wird geschrien, gebrüllt, sogar gesungen. Dann kommt ein Leiterwagen angefahren und hält knapp vor den Särgen, die in 2 Reihen übereinander aufgeladen werden. Wir schreiten hinter dem Wagen her, bis zum Ausgang. Auf den Friedhof darf niemand mit. So ist ein Begräbnis in Theresienstadt und es sind ca 100 an jedem Tag.

Der Husten peinigt mich sehr. Ich nehme Pulver und Medizin, die ich mitgebracht habe. Hier ist nichts zu bekommen; die Apotheken sind leergefegt. Acht Stunden täglich verbringe ich in der Kanzlei.

Grete Kornwas, Lise und Grete Schmahl habe ich bereits getroffen. Es war eine grosse Freude. Grete Schmahl liegt im Spital, in einem Bett auf einem schmutzigen Kissen. Ich schenkte ihr einen frischen Ueberzug, worüber sie glücklich ist. Mathilde Wertheimer hat mich aufgesucht. Sie sieht zum Erbarmen aus. Möchte gern bei uns im Hause wohnen, aber ich glaube

letzten Transport waren eine Menge Krüppel, die zu uns ins Haus kamen. Eine Frau kam sogar auf der Bahre.

17.9.1942

Unser Hausboden[50] wurde belegt mit 116 Personen aus Kassel. Das Gepäck deutet auf sehr gut situierte Leute hin. Meistens sind sie überaltert, viele Krüppel, Lahme und auch Blinde. Unser Verwalter tut, was er kann. Er hat auf den Boden Bretter legen lassen, auch die zerbrochenen Fenster wurden frisch verglast, und es soll auch elektrisches Licht kommen. Einstweilen haben sie Kerzen und das ist feuergefährlich. Hoffentlich passiert nichts.

20.9.1942

Wir dachten, dass es mit Theresienstadt sein Bewenden hat, aber zu unserem Entsetzen hörten wir von neuen Registrierungen, und so sind heute 65 von unseren Leuten in die Schleuse gekommen, um nach einem andern Ghetto abtransportiert zu werden. Je gebrechlicher und je höher im Alter, umso mehr Aussicht fortzukommen.[51] Es war furchtbar! Der Zug glich einem Leichenzug. Alles mit Gepäck beladen, das ihnen die Glücklicheren des Hauses, die zurückbleiben durften, tragen halfen. Ob die Armen ihr Gepäck je wiedersehen werden, ist fraglich.

21.9.1942

Wunder über Wunder! Wir bekommen ein Lebensmittelgeschäft, auch ein Wäsche- und Kleidergeschäft, Parfümerie, Papier etc. Es wird mit Dampf daran gearbeitet. Bezahlt wird mit Punkten, die ausgegeben werden. Langsam hintereinander an alle Insassen des Ghettos. Die Leute stehen vor den Auslagen und sehen zu, wie diese hergerichtet werden.

50 Gemeint ist »Dachboden«.

51 Im Mittelpunkt der Ghettonot standen alte, pflegebedürftige Juden aus dem Reich. Eine Sondereinheit der SS überprüfte persönlich die Rechte dieser Juden, die über 65 Jahre alt waren. Zwischen dem 19. und dem 29. September 1942 wurden 10.004 Personen aus Theresienstadt abtransportiert. Die meisten von ihnen waren über 65 Jahre alt und stammten aus Österreich und dem Reich. Fünf Transporte gingen in das Vernichtungslager Treblinka und ein Transport, von dem nur ein einziger Mensch überlebte, ging in das »Todestal« Maly Trostinez.

Registrierungen dauern an, jetzt kommen wieder Czechen daran, während im letzten Transport bloss Deutsche waren. Gestern wurde Grete Kormos registriert, doch da sie deutsche Staatsangehörige ist und nur mit einem czechischen Transport gekommen, kommt sie vorläufig nicht in Betracht. Ein Transport nach dem andern kommt und geht. Wie, wenn es nicht einfacher wäre, die Leute hier in Ruhe zu lassen und die neuen Transporte anderswohin zu dirigieren. Aber die Juden müssen ständig in Bewegung bleiben, auch in den Häusern hier. Jeden Augenblick wird eines ausgeräumt, indem es zum Blindenasyl, Kriegsbeschädigtenheim oder sonst zu einem Zweck verwendet wird. Wann werden diese Leiden ein Ende nehmen?

10.10.1942

Das Schreibverbot ist aufgehoben, auch das Ausgehverbot. Man braucht keinen Durchlassschein mehr. Endlich kann ich an die Kinder schreiben. Ich kann nicht erwarten, Nachricht von ihnen zu bekommen. In Wien ist nach meiner Abreise nichts mehr angekommen, wie mir Nachbarn aus Wien, die jetzt eingeliefert wurden, mitteilen.

Meine Arbeit macht mir Freude, sie wird auch vom Verwalter anerkannt. Ich geniesse eine Ausnahmestellung, bin persona grata, alles bewirbt sich um meine Gunst, und wenn ich warmes Wasser oder etwas gewärmt brauche, bekomme ich es sofort, während andere warten müssen. Auch beim Essenholen brauche ich mich nicht anzustellen, ich bekomme als Erste, was eine grosse Erleichterung ist.

31.10.1942

Beim letzten Polentransport ist eine Anzahl der Evakuierten durchgerutscht.[52] Das ganze Ghetto wurde dafür bestraft und zwar: Wir müssen auf unbestimmte Zeit um 18 Uhr zu Hause sein. Es darf in der Nacht kein Licht angezündet werden, weder elektrisches noch

52 Die Vorbereitungen für den ersten Transport von Theresienstadt nach Auschwitz am 26. Oktober 1942, der eigentlich 2.000 Personen zählen sollte, verliefen chaotisch. 134 Menschen konnten das Chaos nutzen und sich im Ghetto verstecken. Aus diesem Grund zählte dieser Transport nur 1.866 Personen. Es wurde fieberhaft nach den Abkömmlingen, die später entdeckt und verhaftet wurden, gesucht. Die Männer erhielten 25 Peitschenhiebe und die meisten wurden in die »Kleine Festung«, dem Gestapo-Gefängnis in Theresienstadt, geschickt.

nicht, dass es gehen wird.

Das Wetter ist gut. Ich sitze im Hof, auf einer der Bänke, die Insassen gezimmert haben und schreibe trotz des Lärmens und Streitens um mich herum. Ruhe habe ich nur in der Kanzlei

Das Essen immer gleich. Morgens schwarzer Kaffee, Mittags leere Suppe und Kartoffel mit Tunke oder etwas Fett. Abends eine dicke Suppe, oder schwarzer Kaffee

8/8 42 Heute ist Samstag, da ist am Nachmittag kein Büro. Ich schlafe nach Tisch eine halbe Stunde länger und dann probieren wir eine Bridgepartie. Unser Tisch besteht aus übereinander gelegten Koupékoffern, jeder von uns hat ein Stockerl, das wir gegen Brot und Zucker erworben haben. Geld kennt man hier nicht. Es ist hier die Stadt ohne Möbel und ohne Geld. Dr Frei, einer der Bridgepartner hat 4 Karten ins Kabaret bekommen und nimt mich und Mila mit. Das Kabaret findet in der Magdeburger Kaserne statt. Ein 4fenstriger hoher Saal mit Bänken ohne Lehne, ist bis auf den letzten

Platz besetzt und ungefähr hundert Personen stehen in den Gängen. Fast lauter Jugend. Alles ist fröhlich und wohlgemut. Die Darbietungen sind gut. Ueberraschend gut sogar. Frisch, munter und nicht verstaubt; von den Vortragenden selbst verfasst. Eine hübsche Sängerin singt einige Lieder mit schöner Stimme und Koloratur. Kommt ganz hoch hinauf. Der Schluss ist der Frühlings-Stimmen-Walzer. Um 9 Uhr ist Schluss. Ein genussreicher Abend, für den ich dankbar bin.

9./8 Gut geschlafen, erwache um 6 Uhr. Zum Frühstück ein Schluck Schwarzer, dann Kanzleidienst. Mittag Suppe, Kartoffel mit Lebersauce. Gut, aber viel zu wenig! Nachmittag bei Grete Schmahl im Spital. Herrn Hendl, ein reicher Mann, den ich aus Wien kenne, getroffen. Er ist furchtbar abgemagert, bittet um ein Stückchen Brot.

Immer mehr Verwandte tauchen auf. Tina Pollak mit ihrer Tochter ist auch hier. Ich freue mich auf ein Wiedersehen nach mehr als 50 Jahren. Auch Max Lengsfelder mit

Kerzenlicht. Wenn man bedenkt, dass wir in einem Zimmer 17 Personen sind, die rings um die Wände herum lagern und die Habseligkeiten an Kleidern und Wäsche in Koffern und Säcken stehen, so kann man sich vorstellen, durch was für ein Gewirr man sich in der Finsternis hindurchwinden muss, was leider 1- bis 2-mal und öfter geschieht, wenn man das Klo aufsuchen muss. Selbstverständlich ereignen sich Unglücksfälle, gestern ist eine Frau die Treppe hinuntergefallen und hat sich das Gesicht zerschlagen. Ausserdem hat man uns für Samstag und Sonntag Ausgehverbot gegeben und sämtliche Vorträge und heitere Nachmittage mussten abgesagt werden. Wie lange das dauern wird, weiss niemand. Zum Glück ist jetzt Vollmond, aber es gibt auch Neumond. Was dann? Vor 4 Wochen durften wir schreiben. Ich war so glücklich, dass ich den Kindern endlich Nachricht geben konnte, jetzt hört man, dass die Briefe nicht abgeschickt wurden. Man hat ihnen Theresienstadt zu wenig gelobt. Es gehört aber ein Höllenbreughel dazu, die dumpfen Bilder zu malen, und ein Dante, sie zu beschreiben. Eine Bahre hat nichts Erschreckendes mehr für mich, auch wenn sie verdeckt ist.

Heute habe ich wieder an die Kinder geschrieben, unter »Protektion«. Hoffentlich kommt die Karte diesmal an.

Lise ist gefallen, weil sie ein Bett tragen musste – sie ist Krankenschwester – und hat sich beinahe das Auge ausgeschlagen und nachher Rotlauf bekommen. – Wir sind 14 Tage lang mit einer Typhusverdächtigen in einem Zimmer gelegen. Wenn man unter solchen Verhältnissen gesund bleibt, ist es ein Wunder.

Vor einigen Tagen habe ich Fini aus Czaslau wieder besucht, sie ist bereits in Polen, auch Paula Wolf aus Reichenberg und Fina Steiner. Emmy Ungar ist auch schon hier. Sie ist vollkommen senil und nicht mehr aufnahmsfähig. Hermann ist in der Hannover-Kaserne, Ilse, seine Frau, ist im Spital als Schwester.[53]

Gegen das Lager wurden, wie im Tagebuch berichtet wird, harte Strafmaßnahmen verhängt.

53 Über Fini, Paula Wolf und Fina Steiner gibt es keine Informationen. Emmi, Ilse und Hermann Ungar waren Verwandte. Emilie Ungar wurde am 29. September 1866 in Holice geboren. Sie wurde am 10. Oktober 1942 von Wien nach Theresienstadt deportiert und verstarb im Ghetto am 30. November 1942. Ilse Ungar, geb. Kurz, wurde am 16. August 1907 geboren und am 10. Oktober 1942 gemeinsam mit ihrem Mann und seiner Mutter von Wien nach Theresienstadt deportiert. Am 4. Oktober 1944 wurde sie nach Auschwitz verlegt, wo sie nicht überlebte.

10.11.1942

Wir hatten eine Hausdurchsuchung auf Geld und Zigaretten. Aber sie nahmen auch anderes mit. Mir zum Beispiel stahlen sie eine Zahnbürste (unersetzliches Gut), anderes haben sie zum Glück nicht gefunden. Es kamen zwei deutsche Frauen mit einem czechischen Gendarm.[54] Im Nu war das Zimmer mit einem Meer von Kleidern, Wäsche, Papieren und anderen Dingen übersät, alles wahllos untereinander geworfen, so dass wir einen halben Tag brauchten, um alles wieder in Ordnung zu bringen. Die Koffer der Leute, die in Arbeit stehen und daher keine Schlüssel hergeben konnten, sprengte der Gendarm mit seinem Bajonett auf. »Wie die Einbrecher«, sagte eine der Frauen, die die Durchsuchung hielt. Ich gab ihr nicht Unrecht. Lise geht es besser, aber sie hat Schmerzen im Auge. Hoffentlich wird das bald vergehen.

Rudi Schmahl hustet erbärmlich. Er hat ausser einem leichten Überzieher nichts für den Winter.

Rubinsteins werden zu uns ins Haus ziehen, es sind Freunde aus Wien, mit denen ich beisammen wohnte. Er ist Professor der englischen Sprache und hat mich und Mila aus Freundschaft unterrichtet.

23.11.1942

Ich lobe mir den schönen Mond! Zum Glück haben wir den, sonst würden wir uns in der Nacht alle die Glieder brechen. Wenn man so zu 18 Personen mitsamt dem Gepäck in einem Zimmer verstaut ist (man kann sich dieses Zigeunerlager gar nicht vorstellen. Gorkis »Nachtasyl« ist ein Salon dagegen) und man muss ohne Licht ein Klosett aufsuchen, wobei man durch ein Nebenzimmer, eine Küche, einen Korridor und zwei Stufen schreiten muss, so kann man sich vorstellen, was das für ein Vergnügen ist. Leider lässt sich dieser halsbrecherische Spaziergang nicht gänzlich vermeiden. – Es wird nämlich gefilmt und da dreht man uns täglich um 5 Uhr, manchmal um halb sechs das Licht ab.[55] Kerzen haben

54 Diese Frauen wurden »Broschki« (Käfer) genannt und von der SS in Begleitung tschechischer Gendarmen ins Ghetto beordert, um bei den Häftlingen verbotene Gegenstände zu finden, wie z. B. Geld und Zigaretten. Sie konfiszierten alles, was ihnen gefiel, und zerstörten mutwillig das bescheidene Eigentum der Ghettoinsassen.

55 Im Herbst 1942 entstand in Berlin die Idee, einen Propagandafilm über Theresienstadt zu drehen. Den drei Ghettohäftlingen Anna Dudlova, Adolf Aussenberg und Windrich Weil, die in der Fotografie bewandert waren, wurde befoh-

Franz und Paula Wolf sind hier, aber ich weiss ihre Adresse noch nicht.

11/9 Wir werden von der Strassen-Polizei wegen schlechter Verdunklung beanständet, doch ist es unmöglich in einem Zimmer wo 17 Personen liegen, die durch ein Nebenzimmer mit 12 Personen gehen müssen, des Nachts ohne Licht zu sein. Man würde bei notwendigem Hinausgehen auf Köpfe der Schlafenden treten. Der Verwalter wird Remedur schaffen.

Um 6 Uhr Lever. Der tägliche Kampf um ein Plätzchen zum Waschen. Um 8 Uhr Kanzleidienst. Das wichtigste ist der „Stand" der zweimal täglich abgegeben werden muss. Abgang ins Spital, Todesfall etc. Wehe wenn ein Insasse fehlt! Heute haben wir Zuwachs bekommen, zehn Personen aus Hamburg zwischen 78 und 88 Jahren. Wir haben bald ein Siechenhaus.

Mittag Suppe und Kartoffelgulasch. Gut, aber viel zu wenig. Früh und Abend Kaffee.

Grete Schmidl ist krank, Durchfall! Bei mir ist diese Erscheinung zum

Glück bereits vorbei.
Insassen haben einen langen Tisch nebst Bank gezimmert für den Hof. Ich bin zum Mittagessen da gesessen. Zum ersten Mal seit 83 Tagen, dass ich bei einem Tisch gegessen habe.
Ich war bei der „Fürsorge“ für drei Frauen, die noch kein Gepäck erhalten haben und die seit sie hier sind, noch nicht aus den Kleidern gekommen sind. Elend über Elend!

Ich schreibe ein paar Gedichte nieder die Grete Schmahl in Theresienstadt gemacht hat, knapp vor ihrem Tode: Sterben...

Sterben! Wie wenig bedeutet das hier
In diesen traurigen Räumen.
Man streckt sich und ist schon erlöst von hier,
Von Hassen, Hoffen und Träumen.
Man sieht keine Träne
Man spricht kein Gebet
Man merkt nicht Rührung noch Trauer
So wird ein Blatt vom Baum ~~gerecht~~ geweht
Hier hat der Tod keine Schauer.
Die Nachbarn sehen ruhig an,
Die steife verhüllte Puppe,
Ach, nur gestorben, was liegt daran,
Man löffelt seine Suppe.

wir keine, und wenn wir welche haben, so sind keine Leuchter da, was eine grosse Feuergefahr bedeutet, wenn man an die Unmasse von leicht brennbarem Zeug denkt, das in einem Zimmer ist! Diese Woche kam gerade nach dem Verlöschen der Lichter der Befehl, Briefe zu schreiben, die noch in derselben Nacht geschrieben sein mussten. Nachdem die ersten Briefe der Zensur nicht gepasst haben, so hat man uns nun welche diktiert. Die ganze Post hatte Nachtdienst, denn um 4 Uhr früh mussten 2500 Briefe zum Abgehen fertig sein. Man soll nämlich im Ausland in Erfahrung gebracht haben, dass die ersten Briefe liegen geblieben sind, und da haben nun so rasch als möglich neue herbei müssen, geschrieben bei Kerzenlicht. Wir haben eine Nähmaschine, die sich als Tisch benützen lässt, aber so glücklich sind nicht alle Insassen von Theresienstadt. Einen Kasten oder sonstiges Möbel habe ich hier noch nicht gesehen.

14.12.1942

Ich bin zu Bett, muss 5 Tage liegen, an Angina. Ein Wunder ist es nicht, wenn man sich hier verkühlt, denn in der Kanzlei ist nur ein einfaches Fenster und keine Heizgelegenheit. Ich schreibe mit Handschuhen.

Wir haben Betten bekommen, Stockbetten, immer zwei übereinander, das obere Bett mit der Leiter zu erreichen. Das Zimmer ist dadurch nicht schöner geworden, denn wir haben jetzt nur noch Durchgänge, in denen sich zwei Personen nur schwer ausweichen können. Aber die Betten sind gut, wenn auch schmal und kurz. Ich schlafe viel besser, seit ich nicht mehr am Fussboden liegen muss. Unser Bett ist ein Einzelbett, unten liege ich, oben Mila. Wir haben keine Nachbarschaft wie die anderen Betten, die dicht aneinander stehen. Der Verwalter begünstigt mich in jeder Weise, er nennt mich seine rechte Hand, aber, mir den Titel eines Stellvertreters zu geben, der mir gebührt und rechtlich zukommt, kann er sich nicht entschliessen.

len, das Drehbuch zu schreiben und die Filmaufnahmen zu leiten. Nachdem der Film 45 Jahre lang nicht auffindbar gewesen war, wurden in Warschau und Prag Teile des Films entdeckt. Die gefundenen Filmausschnitte zeigen, wie der Ältestenrat unter dem Vorsitzenden Jakob Edelstein zusammentrifft, wie die Ghettoinsassen medizinisch betreut werden und sich kulturell betätigen, man erkennt aber auch den verzweifelten Versuch, der Welt eine versteckte Nachricht über die wahren Zustände im Ghetto zu übermitteln, z. B. mittels Aufnahmen betrübter alter Menschen. Die Deutschen beschlagnahmten den Film, vermutlich, weil er Aufnahmen enthielt, deren Inhalte man verbergen wollte.

Kampf der Geschlechter! Lieber einen unfähigen Mann als Stellvertreter als eine fähige Frau. Diese Woche habe ich auf einer Schreibmaschine geschrieben, ich habe es noch nicht verlernt. Ich arbeite jetzt im Bett, täglich schickt man mir die Berichte, damit ich den »Stand« mache. Gestern hat mich der Verwalter besucht und ist eine halbe Stunde bei mir geblieben. Eine besondere Ehre!

Übermorgen ist grosse Kommission, das ganze Haus wird auf den Glanz gefegt und geputzt. Ich hoffe, dass ich bis dahin in der Kanzlei sein kann.

Gestern, als ich ganz besonders deprimiert war, kam eine Karte von den Kindern, ich habe geweint und konnte nicht gleich lesen, so aufgeregt war ich. Es geht ihnen gut und sie sind glücklich, von mir Nachricht zu haben. Grete Kormos habe ich sofort verständigt, sie kam noch am Abend in der Finsternis, um etwas von ihren Leuten zu hören.

Mit dem Licht geht es uns sehr schlecht, denn der Strom reicht nicht aus. Wir müssen jeden dritten Tag von 4–7 Uhr abends dunkel lassen, so tappt man in der Finsternis und kaum ist die ersehnte Stunde da, wo man Licht wieder brennen darf, wird das Licht gedrosselt, so dass man ruhig sagen kann, wir sind von 4 Uhr Nachmittag an in der Finsternis. Aber es wird auch einmal wieder heller werden! Hoffentlich erlebe ich es.

Heute habe ich einen Bezugschein bekommen, man kann damit in die Geschäfte gehen und einkaufen, so weit die Punkte reichen.

Man schliesst die Augen
Man schneidet das Brot
Das Essen nicht zu versäumen
Dann kommt die Bahre
Das ist der Tod
In diesen traurigen Räumen.

Ein Kranker muss warten ...

Ein Kranker muss schweigend warten,
Ob er im Schmerz auch wacht
Ein Kranker muss schweigend warten
Bis ihm das Bett gemacht
Ein Kranker muss schweigend warten,
Sei warm ihm oder kalt
Ein Kranker muss schweigend warten,
Die Schwester kommt ja bald;
Ein Kranker muss schweigend warten
Bis Hilfe ihm gereicht,
Ein Kranker muss schweigend warten
Bis ihn der Tod ~~erreicht~~. beschleicht!
~~Ein Kranker muss schweigend warten~~
Er darf nicht jammern noch klagen
Nicht zanken oder schrein
Dann wird er, wenn auch unter Plagen,
Der Schwester Liebling sein!

X

Man sorgt für uns!

Man sorgt für uns, wir bekommen zu essen
Suppe, Kartoffel und Kaffee
Doch die Ration ist so bemessen,
Dass man verhungert und Hunger tut weh.

Man sorgt für uns, wir haben auch Betten
Oben Matratze und unten Holz
Ja, wenn wir noch Polster und Decken hätten
Wie wären sie auf diese Leistung stolz!

Man sorgt für uns, wir werden verpflegt
Spitäler Aerzte und Pflegerinnen,
Doch die Apotheke ist leergefegt
Was mit den Patienten beginnen?

Man sorgt für uns, wir werden begraben,
Wenn wir endlich gestorben sind,
Über die Totenstadt fliegen die Raben
Und unsere Asche verweht der Wind.

18./8 Ein Tag vergeht wie der andere. Ich weiss wohl das Datum, aber selten ob Montag oder Dienstag ist. Grete Schmahl hat einige Gedichte gemacht, sehr sentimental. Ich habe drei kopiert, der Inhalt wirft Schlagschatten auf die hiesigen Verhältnisse. Ich bin optimistisch genug, zu hoffen, dass ich diese Zeilen einmal ins

1943

27.1.1943

Ich komme nur dazu zu schreiben, wenn ich im Bett liege, sonst habe ich den ganzen Tag zu tun, weil ich von früh bis in die Nacht in der Kanzlei beschäftigt bin. Jetzt plagt mich ein heftiger Katarrh, dazu Durchfall, und der Arzt hat mich ins Bett gesteckt. Wir frieren in den Zimmern, denn wir haben zwar Oefen, bekommen aber kein Material zur Beheizung. Wir müssen froh sein, wenn wir uns das Essen wärmen können, wenn es aus der Kaserne kommt.

Von Robert[56] höre ich leider wenig, trotzdem er versprach, mir zweimal in der Woche zu schreiben. Ich darf nur alle 3 Monate schreiben und das weiss er nicht.

Diese Woche bin ich avanciert. Ich bin Hausältesten-Stellvertreter geworden und bin auch vom Aeltestenrat anerkannt. Ich bin jetzt nach dem Verwalter die erste Person im Haus, das ist bei 340 Menschen eine schöne Karriere.

Die Transporte haben wieder begonnen, und man jagt die Leute aus den Betten, um sie sofort von einem Tag zum andern zu deportieren. Es ist ein namenloser Jammer. Ich stehe auf der Schutzliste als unentbehrlich. Von 340 Personen fünf![57] Aber um meine Freundin Mila habe ich Sorgen. Ich habe ihretwegen den Dr. Friedmann (Ältestenrat) aufgesucht und ich hoffe, er wird ihr, wenn es dazu kommen sollte, helfen. Ich habe bei der Nachfrage um seine Wohnung, die man nicht nennen durfte, eineinhalb Stunden in der Magdeburger Kaser-

56 Robert Frank war Camillas Sohn aus erster Ehe. Er wurde am 30. Mai 1895 geboren. Robert und seine Frau Grete überlebten den Holocaust in Ungarn. Nach der Befreiung lebten sie in Wien bis zu ihrem Tod. Robert starb am 8. Februar 1968.

57 Menschen, deren Rechte von den Deutschen anerkannt wurden, waren vor den Transporten in den Osten geschützt. Dazu zählten Kinder aus gemischten Ehen, Verdienstordensträger aus dem Ersten Weltkrieg, Kriegsbehinderte oder Personen, die auf der Protektionsliste der Hochrangigen der jüdischen Selbstverwaltung im Ghetto standen.

ne mit Suchen verbracht, wodurch sich mein Katarrh verschlimmert hat.[58] Jetzt kommt noch eine grosse Sorge, das ist die Läusegefahr, und jetzt kommt gerade der Arzt, um uns zu untersuchen. – Eben wurde ich untersucht und habe nichts, also freigesprochen! Es ist schrecklich, die Prozedur der Entlausung mitmachen zu müssen, die meisten halten es nicht aus und gehen zugrunde.[59]

14.3.1943

Ich bin noch immer nicht gesund, habe geschwollene Füsse, vom Herzen ist es nicht, hoffe ich. Ich glaube, es kommt von der eintönigen Ernährung, denn ausser Kartoffel täglich bekommen wir nur unbedeutend zu essen. Ich bekomme jetzt Diätkost und auch täglich einen Achtelliter Krankenmilch. Die Kost ist besser und ausgiebiger, aber so wenig, dass man nach dem Essen erst anfangen wollte, zu essen. Es wird nicht der Hunger gestillt, sondern der Appetit gereizt.

Robert schreibt jetzt oft, ich bin so glücklich, dass es den Kindern wenigstens gut geht. Sie sind ausser sich darüber, dass ich so selten schreibe, und ich darf ihnen den Grund nicht mitteilen, dass ich keine Erlaubnis habe.

Mit meiner Stellung als Stellvertreter hat es nicht lange gedauert, der Aeltestenrat hat angeordnet, dass die Stellvertreter unter 70 sein müssen. Meine Stellung aber behalte ich auch ohne Titel. Für die Bürde bin ich nicht zu alt, nur für die Würde!

Ich gehe fleissig in die Ambulanz, bekomme Injektionen gegen die geschwollenen Füsse. Die Aerzte sind sehr geschickt. Auch soll ich eine Aufbesserung in der Kost bekommen, die man Reko[60] nennt, das ist eine Portion zum Abendessen mehr!

58 Bis zu den Transporten im Oktober 1944 wurden Kranke, denen ärztlich bescheinigt wurde, dass sie transportunfähig seien, zusammen mit ihren Familienangehörigen im Ghetto belassen. Dies war Teil des Täuschungsmanövers seitens der Deutschen, nämlich die Behauptung, dass die Abtransportierten zum Arbeiten geschickt wurden. Aus diesem Grund wurden nur die Gesunden und Arbeitsfähigen aus Theresienstadt deportiert.

59 In der Abteilung für Gesundheitswesen gab es eine eigene Unterabteilung, die für die Desinfektion verantwortlich war. Diese Abteilung wurde von den Deutschen mit Zyklon zur Bekämpfung von Ungeziefer und Seuchen ausgestattet. Sie war ebenfalls für die Desinfizierung von Kleidung, Bettwäsche und für Entlausungen und Entwanzungen verantwortlich.

60 Rekonvaleszentenzubuße (kurz »Reko«) wurden ärztlich verschriebene Sondermahlzeiten genannt.

keine werde schreiben können. Nur gesund muss man bleiben und das ist Glücksache. Es ist grosse Seuchen-gefahr, die durch das enge Aneinander-liegen gefördert wird. Auch das Essen ist nicht ausreichend und wenn auch weniger essen Gewohnheit werden kann, so ist es doch insofern gefährlich, als die Kost immer eintönig bleibt. Sie macht nicht widerstands-fähig. Täglich Kartoffel, niemals Gemüse, wenig Fett, manchmal ein Knödel, aber der ist meistens kalt, was kein Wunder ist, wenn ca 9000 Menschen aus einer Küche gespeist werden. Wenn wir uns abends nieder-legen, so nach einander, 75 cm Platz ist für jeden bemessen, so erinnert mich das an Grabstätten und gar manche sehen wir liegen, die Toten gleichen. Wir haben auch schon eine Tote im Zimmer gehabt.

Aber die Arbeit hilft über Vieles hinweg, auch hat man dadurch eine Ausnahmsstellung. So z. B. kann ich ungehindert ausgehen, während andere erst auf den Kolonnenführer warten müssen,

um vor die Tür zu kommen.
Auch bekomme ich jetzt seit ich „bestätigt" bin (das ist vom Arbeits„amt") 4 Dk. Brot täglich mehr. Es soll auch eine Zubusse von etwas Leber=pastete geben. Auf diese warte ich schon ungeduldig. [Klara Grünwald ist hier, leider konnte sie mir nichts Genaues über Anni sagen. Ich glaube, sie ist bereits in Polen. Max Lengsfelder habe ich noch nicht gesehen, aber seine Frau habe ich gesprochen. Sie sind zum Polen=transport eingeteilt, der in 2 Tagen von hier abgehen wird. Das ist das grösste Elend! Transporte kommen fast täglich aus Wien, Berlin, Prag München, Dresden. Die Berliner sind noch immer begeistert vom Regime. Merkwürdige Menschen.

Die Gendarmerie wird gegrüsst, gedankt wird nicht. Bei Nichtgrüssen Stockstreiche.

24/8 Ich war krank. Die Lagerkrankheit. Abführen mit Brechreiz. Der Arzt gab mir Tierkohle. 2 Stück. Das übrige was ich brauchte, ist aus meinem eisernen Vor=rat. Ich ekle mich vor dem Essen, die Suppe kann ich nicht hinunter=bringen. Schwarzer Kaffee ist mir noch am liebsten. Heute habe ich wieder

16.4.1943

Ich bin noch immer krank, darf zwar aufstehen, aber nicht in den Hof hinunter, weil die Füsse noch geschwollen sind und geschont werden müssen. Es kommt vom Herzen. Nie im Leben habe ich mit dem Herzen zu tun gehabt. Auch meine Wangen sind geschwollen, auch da Wasser. Hoffentlich wird es kein bleibendes Leiden. Von den Kindern habe ich oft Nachricht. Ich bin so glücklich, wenn ich sie bekomme. Leider kann ich nicht antworten, weil wir wieder einmal Schreibverbot haben. Aber es wird jetzt bald aufgehoben. Immerhin kann es noch gute 4 Wochen dauern, bevor ich den Kindern Nachricht geben kann.

Lise hat Rippenfellentzündung, aber sie ist schon auf dem Wege der Besserung. Hier ist alles krank; die Leute sterben wie die Fliegen. Ein Bekannter von mir, ehemaliger Hauptmann, der arisch versippt ist, sollte die Bewilligung bekommen, nach Wien zurückzukehren. Er versprach mir, sofort meinen Kindern zu schreiben und auch noch anderes für mich in Wien zu besorgen. Ich war sehr froh, aber leider ist er auch gestern gestorben. Es ist kein Wunder, wir sind unterernährt und taumeln vor Schwäche. Ich gebe, was ich habe, für Essen her. Wahnsinnspreise! Leider kann mir Robert nichts schicken, was es für eine Wohltat für mich wäre, darf er gar nicht wissen.

Von der Kanzlei bin ich für unbestimmte Zeit beurlaubt. Stellvertreter bin ich nicht mehr, da mir kein Doppler oder Woronoff[61] zur Verfügung stehen, die mich verjüngen, aber insofern bin ich beruhigt, weil ich den Posten bei meinem Nachfolger Hermann Kahn in guten Händen weiss und ich mich ruhig meiner Wiedergesundung widmen kann. Wenn ich von hier lebendig fort soll, muss ich mich schonen. Das Wetter ist herrlich, die Leute sitzen im Hof in der Sonne wie an der Riviera. Leider darf ich nicht hinunter.

Den ganzen Tag möchte ich essen, ich freue mich von einer Mahlzeit zur andern. Das ist die ganze Abwechslung, die wir haben. Jetzt hatte ich einen Monat Diätkost, aber das ist vorbei, dann 14 Tage »Reko« (Kostzubusse), da wurde ich satt. Aber auch das ist vorüber, soll aber wiederkommen.

61 Karl Doppler und Serge Voronoff waren Chirurgen, die sich zu Beginn des 20. Jahrhunderts mit Verjüngungsmethoden beschäftigten.

29.4.1943

Ich bin noch immer krank, die geschwollenen Füsse wollen nicht besser werden, und das Schlimmste ist der Hunger! Bis jetzt hatte ich etwas zuzusetzen, sowohl vom eigenen Körper als auch Mark, die ich in Kleidern eingenäht hatte (auch Nelly hinterliess Geld in ihrem Mieder); beides hat aufgehört. Ich habe 45 kg abgenommen seit dem Jahre 1938 und das kann man schwer wieder hereinbringen. Mein Körper schmerzt mich von den Knochen, wenn ich sitze oder liege. In der Nacht stören mich die vielen Flöhe. Sie sind nicht zum Aushalten. Man darf aber bei Strafe der Deportierung kein Licht machen. Wir haben noch immer kein Licht und Ausgehverbot, und alles darum, weil ein paar Leute, die es hier nicht ausgehalten haben, entwischt sind. Können wir etwas dafür?!

Von den Kindern habe ich schon lange keine Nachricht. Diese Woche ist mein Geburtstag und da hoffe ich, eine Gratulation zu bekommen. An Rudolf Kohn habe ich nach Prag geschrieben, ich erfuhr durch einen glücklichen Zufall seine Adresse und habe ihn um ein Paket gebeten.[62] Ich wäre unsagbar glücklich, wenn ich etwas bekommen könnte. Hier gibt es Leute, die 2–3 Pakete im Tag bekommen. Besonders die Czechen haben viel Lebensmittel. Es ist direkt aufreizend zu sehen, was sie zu essen haben, während wir daneben Hunger leiden, Hunger, der einem den Magen herausreisst. Nie im Leben habe ich geglaubt, dass Hunger so weh tun kann! Meine Nachbarin hat 80 Knödel und ein Kilo Kraut gekocht, aber ich habe nicht einen Bissen davon gesehen. Aber man braucht gar nicht so weit zu gehen. Die Verwandten sind nicht besser. Rudi Schmahl hat an meine Adresse Post von seiner Freundin aus Wien bekommen und auch ein Paket. Ich habe ihm das Paket von der Post holen lassen, eine Czechin, die sich für sich anstellte, hat es für ihn mitgebracht. Er hat sich dadurch 2 Stunden Anstellen erspart, aber er hat das Paket nicht einmal vor mir aufgemacht, um mir nichts geben zu müssen. Am nächsten Tag kam er wieder und erzählte, es wäre im Paket fast nichts drinnen gewesen, nur 3 Kekse und 3 Würfel Zucker, aber das wiegt doch nicht ca. 1½ kg!?

62 Rudolf Kohn wurde am 30. April 1893 geboren und war mit einer nichtjüdischen Frau verheiratet. Er wurde am 25. Februar 1945, einige Wochen nachdem Camilla Hirsch das Ghetto verlassen hatte, von Prag nach Theresienstadt deportiert. Rudolf Kohn wurde im Mai 1945 befreit.

im Buro gearbeitet, glaubte dass ich schon ganz wohl bin, aber es ist nicht so. Ich fühle mich sehr schwach und es ist sehr schwer zu neuen Kräften zu kommen, da man doch fast gar keine Lebensmittel besitzt und von Kartoffeln allein, einmal im Tag und das unzulanglich, kann man sich schliesslich nicht erholen. Muss es halt die Ruhe machen.

Ein Transport kommt nach dem andern. Kasernen, Häuser und Strassen sind überfüllt. Hunderte von Bettrollen lagern auf den Strassen. Wir bekamen in der Nacht einen Zuwachs von 30 Frankfurtern. Alle in hohem Alter, einige nicht ganz bei Sinnen. Man legte sie in ein Gassenlokal, ehemals ein Selchenladen. Jetzt sieht man nichts von Selchwaren. Der Steinboden ist mit Brettern belegt und darauf sitzen die Leute, bis sie zu ihrem Gepäck kommen werden. Das dauert manchmal wochenlang. Ich hatte in dieser Beziehung unerhörtes Glück.

Unser neuer Verwalter entpuppt sich als guter Mensch, er kümmert sich um seine Insassen. Ich komme sehr gut mit ihm aus. Gestern hat er uns mit einem bunten Abend überrascht. Die Vortragenden waren zum Teil aus unserem Haus. Frau Stein, eine ehemalige Sängerin vom Theater an der Wien, 83 Jahre alt, hat "rührend" schön gesungen, dann eine Konzertsängerin. Herr Fischer den ich aus Wien kenne, gibt das „Fiakerlied" und Heurigenlieder zum besten. Den übrigen Teil des Abends besorgte Jugend, die aber nicht zu uns ins Haus gehört. Denn wir sind ein Altersheim 95% über 70 Jahre. Die Aufführung fand im Hof statt. Das Podium vor der Senkgrube, die aber mit Flanelldecken verhüllt wurden. Im Nebenhaus hört man plötzlich Lärm, man weiss nicht woher er kommt, denkt anfangs an Streit, dann an Demonstration. Aber wie wir dann Applaus hören, werden wir eines Besseren belehrt. Sie hatten auch eine Aufführung. Zufall!

27/8 Nelly ist hier. Sie kam mit dem 8. Wiener Transport. Ich kam mit dem vierten. Rudi Schmahl hat mich davon verständigt und mir zur Not erklärt, wo ich sie in der Dresdner Kaserne, am Dachboden finden kann. Es hat viel Mühe gekostet! Mila und ich machten

Das Wetter hat umgeschlagen, es ist kalt und windig. Ich darf nicht in den Hof hinunter, um mich zu sonnen (einmal im Tag darf ich jetzt Stiegen steigen), und das hat mir so gut getan!

3.5.1943

Rudolf Kohn hat mir ein Paket geschickt! Ich bin so glücklich darüber, es war Hilfe in grösster Not! Und so schön zusammengestellt. Mit Verstand und Liebe. Ich bin so dankbar dafür und kann leider das Paket nicht bestätigen, aber ich hoffe, dass es Robert für mich tun wird, sobald ich ihm schreiben kann. Roberts letzte Karte ist vom 18.3. adressiert, ich bin ein bisschen unruhig darüber, besonders, weil morgen mein Geburtstag ist und er mich noch nie ohne seine Gratulation gelassen hat. Ich kann nur hoffen, dass die Post schlecht funktioniert und dass dies der Grund des Stillschweigens ist.

Mir geht es besser, aber meine Füsse sind sehr schwach. Stiegensteigen ist für mich eine Angelegenheit! Hoffentlich wird es noch besser mit mir. Mein Aussehen ist zum Erschrecken!

4.5.1943

Heute ist mein Geburtstag. Ich erwachte unter Tränen, denn ich habe keine Nachricht von den Kindern. Dann kamen meine Zimmergenossen zu mir und gratulierten. Mila schenkte mir einen Kleiderbügel, den ich sehr dringend brauchte und der hier nicht zu bekommen ist. Grete Kormos brachte mir ein Puddingpulver. Und dann kam eine grosse Ueberraschung. Es kamen zwei junge Burschen aus dem Jugendbund zu mir und brachten mir, reizend arrangiert, 4 Brotschnitten unter einer Papierserviette mit Margarine und Paprika bestrichen, dann eine Feldflasche voll gesüsstem schwarzen Kaffee und ausserdem versprachen sie mir ein Sesselchen. Ich war sehr gerührt über diese Aufmerksamkeit. Wieso gerade ich dazu kam, weiss ich nicht.[63] Hof-

63 Die Jugendleiter und Freunde des »Hechalutz« im Ghetto halfen auf Bitte von Jakob Edelstein den alten Menschen aus dem Reich, die in desolatem Zustand waren. Die Leitung dieser Aktion wurde Sonja Okon, einem »Hechalutz«-Mitglied aus Deutschland, übertragen. Tschechische Jugendliche wurden zur Hilfe geholt. Sie besuchten die Alten, brachten jenen Lebensmittel aus den Küchen, denen es schwerfiel, selbst hinzugehen, und versuchten, ihnen so gut wie möglich zu helfen. Dabei entstanden zahlreiche freundschaftliche Beziehungen. Die Aktion wurde »Jad tomechet« (Hebräisch für »Die stützende Hand«) genannt.

fentlich bekomme ich jetzt bald Nachricht von den Kindern, das wird die Freude vollmachen.

6.5.1943

Heute bekamen wir eine doppelte Portion Mittagessen. Dies war eine Spende der Ghettopolizei für die Siebzigjährigen.[64]

Von den Kindern noch immer keine Nachricht. Von Rudolf kam wieder ein Paket mit weissem Mehl!

Das Wetter ist schön, die Sonne lacht vom Himmel. Ich sitze den ganzen Nachmittag im Hof und lasse mich sonnen.

24.5.1943

Ich bin wieder zu Bett, weil die Füsse noch immer geschwollen sind und auch leider die Oberschenkel. Auch im Gesicht habe ich noch immer eine Geschwulst.

Von Rudolf habe ich bisher 4 Pakete bekommen, sie sind mit solcher Sorgfalt und Liebe zusammengestellt, dass ich ihm gar nicht genug dankbar sein kann. Jedenfalls war es höchste Zeit, denn alles, was ich an Geld und Gold (drei Eheringe) besass, habe ich bereits für die Wucherpreise, die man hier für das Essen verlangt, hergegeben.

Gestern konnte ich wieder den Kindern schreiben, hoffentlich kommt meine Karte an und ich erhalte Antwort. Ich bin schon sehr unruhig, dass ich gar nichts mehr von ihnen höre.

Jetzt haben wir »Ghettogeld«! Dafür können wir in den Geschäften einkaufen. Die Bezugscheine sind ungültig geworden.[65]

64 Dr. Karl Loewenstein, gebürtiger Deutscher und Chef des »Sicherheitswesens« im Ghetto, konnte die Diskriminierung der »Arbeitsunfähigen« bei der Essensverteilung nicht mehr ertragen. Er appellierte an die Ghettopolizei, den Alten und Behinderten einen Teil ihrer Essensrationen abzugeben, da diese teilweise zu verhungern drohten. Es gelang ihm wahrscheinlich, die ihm direkt unterstellten Polizisten von seinem Vorhaben zu überzeugen, die meisten anderen Angestellten kooperierten jedoch nicht. Ältestenrat Dr. Paul Eppstein sah in dem Aufruf ein Übertreten der Befugnisse und einen Schaden für die Arbeitsbeziehungen im Ghetto und verbot Loewenstein offiziell, sich in die Angelegenheit einzumischen.

65 Am 12. Mai 1943 trat die »Bank der jüdischen Selbstverwaltung« in Theresienstadt zum ersten Mal in Aktion. Die Ghettohäftlinge erhielten eine »monatliche Auszahlung« im Wert von 1, 2, 5, 10, 20 oder 100 »Theresienstädter Kronen«, die am gleichen Tag in Umlauf gebracht wurden und im Prinzip komplett wertlos waren. Man konnte damit höchstens Ramschartikel, die aus den konfiszierten Gegenständen der Neuzugänge stammten, in den »Läden« kaufen.

uns sofort auf den Weg. Wie die Leute auf dem Boden lagern, spottet jeder Beschreibung. Es herrscht Finsternis, die nur durch einige armselige Sluthtirren erhellt wird. Ich bin über mindestens 8–9 Pfosten gestiegen, sie sind so hoch, dass vor und hinter den Pfosten eine Holzstufe angebracht ist. Man verliert leicht das Gleichgewicht, wenn man keine Hilfe hat. Aber in dieser Beziehung findet man immer freundliche Hände, die einen vor dem Fussbrechen bewahren. In der Finsternis konnte ich nichts unterscheiden, so verlegte ich mich aufs Rufen. Ich habe Gottseidank noch immer meine gesunde Stimme, und richtig Nelly meldete sich. Das Wiedersehen war herzlich. Sie sitzt auf dem nackten Boden, hat sich aber eine Dachlucke erobert, durch die sie Luft und Licht bekommt. Einige ihrer Freunde waren bei ihr. Ich habe unseren Verwalter gebeten, sie zu uns ins Haus zu nehmen, denn gegen diese Dachbodenunterkunft sind wir fürstlich untergebracht. Ich hoffe, dass die Formalitäten bald erledigt sein werden und sie zu uns ziehen kann.

29.5.1943

Heute hat mich ein Arzt gründlich untersucht. Ich habe einen Herzfehler, wieso ich dazu komme, weiss ich nicht. Ich hatte immer ein gesundes Herz. Hoffentlich hört die Sache auf, wenn ich einmal wieder in der Lage bin, zu essen, was ich will. Morgen hat mein Robert Geburtstag. Es sind Briefe sehr lange in Berlin gelegen und kommen jetzt nacheinander an. Ich hoffe, dass auch ein Brief für mich darunter sein wird. Von Rudolf erwarte ich mit Sehnsucht das nächste Paket; hoffentlich kommt es bald.

3.6.1943

Endlich eine Nachricht von den Kindern! Sie ist vom 25.3., also 2½ Monate gelegen. Ich bin sehr glücklich darüber, denn ich war schon sehr besorgt. Mir geht es besser, ich darf wieder aufstehen. Leider ist das Wetter schlecht, so dass ich nicht in den Hof gehen kann.

4.6.1943

Rudolf hat wieder ein Packerl geschickt, das fünfte! Ich segne ihn. Er bewahrt mich vor dem Verhungern!

7.6.1943

Ich gehe wieder in den Hof. Einmal im Tag, weil mich das Stiegensteigen zu sehr anstrengt. Leider ist das Wetter ungünstig, die Sonne versteckt sich. Der Arzt sucht etwas an der Leber bei mir. Hoffentlich wird er nichts finden.

23.6.1943

Das Essen hat sich auffallend verschlechtert. Wir bekommen keine Suppe mehr zum Mittagessen. Sie war zwar nie sehr gut, aber heiss. Auch das Fleisch ist auf unbestimmte Zeit abgestellt. So ist es ein grosses Glück für mich, dass mir Rudolf Pakete schickt. Ich kann gar nicht sagen, wie dankbar ich ihm bin.

Der Doktor erlaubt mir noch immer nicht, zu arbeiten. Gestern habe ich durch das Gesundheitswesen eine Sonderbewilligung zum Wäschewaschen bekommen. Ich bin sehr froh darüber, denn alle 3–4 Monate kann man nur 2 kg abgeben und damit kommt man nicht aus, und um selbst zu waschen, bin ich viel zu schwach. Aber es geht mir schon bedeutend besser.

3.7.1943

Seit heute arbeite ich wieder im Büro. Hoffentlich wird es jetzt ohne Hindernis gehen. Rudolf hat mir junges Gemüse geschickt. Er scheint zu wissen, was es heisst, in Theresienstadt zu sein. Nur einmal wünsche ich mir, zu essen, was ich will und so lange, bis ich satt bin.

Sattessen, was ist das?

10.7.1943

Von Robert sind wieder 3 Karten vom April und Mai gekommen, ich bin froh! Dagegen macht es mir grosse Sorgen, dass das Senden von Paketen aus dem Protektorat verboten werden soll. Dann weiss ich wirklich nicht, was ich essen werde. Heute ist es ein Jahr, dass wir aus unserer Wohnung weg mussten. Welch ein Jahr!

18.7.1943

Meine Hoffnung ist vorbei, Rudolfs Pakete bleiben aus, dürfen nicht mehr zugestellt werden. Es ist eine Katastrophe für mich.

31.7.1943

Morgen ist es ein Jahr, dass unser Verwalter bei uns ist. So unglücklich wir zuerst über sein Kommen waren, so froh sind wir jetzt, ihn zu haben. Er opfert sich in jeder Hinsicht für seine Insassen auf und hat aus der Wüste einen Garten geschaffen.

2.8.1943

Über meine Anregung haben wir den gestrigen Tag festlich begangen und haben nach dem Abendessen im Hof unseren geliebten Verwalter gefeiert. Zuerst kamen einige Ansprachen, darunter auch ich mit ein paar kurzen Worten. Zum Schluss ein Kabarett mit Ziehharmonika. Das ist das einzige Instrument, das wir hier kennen. Wir haben eine Adresse überreicht, von 425 Insassen unterschrieben. Meine Unterschrift steht an erster Stelle.

Für Ghettogeld habe ich mir eine hübsche Bluse und einen leichten Schlafrock gekauft. Gretels herrliche Tasche habe ich gegen 24 Mittagessen verkaufen müssen, wenn ich nicht verhungern wollte. Selbstverständlich kränke ich mich sehr um die Tasche, aber es ist besser, ich lebe, als dass die Tasche in meinem Nachlass aufscheint.

Ich war zur Abwechslung wieder einige Tage im Bett. Ich bekam rote Flecken am Fuss und der Arzt hielt es für Rotlauf. Aber sie sind glücklich vergangen und ich bin wieder bis auf weiteres gesund. Lise Wolf hat zur Abwechslung eine Herzmuskelentzündung. Es ist schrecklich. Hoffentlich kommt sie hier noch mit dem Leben davon, denn was sie an Krankheiten bisher mitgemacht hat, ist unbeschreiblich.

Von den Kindern hatte ich Nachrichten, die mich sehr freuten, und werde ihnen im Laufe dieser Woche antworten können.

Wenn ich einen Zulassungsschein an Rudolf schicken würde, könnte er die Bewilligung bekommen, mir weiter Pakete zu senden.[66] Aber ich tue es nicht, weil ich fürchte, dass es eine Falle ist, und ich Rudolf für seine Güte keine Unannehmlichkeiten bereiten will.

Paula Braun ist hier gestorben, auch der Schwiegersohn von Grete Kormos in Wien. Lauter traurige Nachrichten!

24.8.1943

Gretes Tochter Steffi hat sich mit Gas vergiftet, aus Verzweiflung darüber, dass ihr Mann gestorben ist, und wohl auch aus Angst vor einem ungewissen Schicksal, denn so lange er lebte, galt sie als arisch. Armes Ding! Aber Grete tut mir noch mehr leid.

Wir haben eine neue Plage: Nachdem wir es die ganze Zeit vor Flöhen nicht aushalten konnten, sind sie jetzt verschwunden. Dafür haben wir Wanzen bekommen und die haben bei der grossen Hitze derart überhand genommen, dass man es in den Betten nicht mehr aushalten kann. Es nützt kein Putzen, sie sind unausrottbar. Fast alle Insassen schlafen im Hof. Für mich ist kein Raum mehr, aber ich habe auch die Angst vor einem neuen Katarrh, den ich gewiss nicht mehr überstehen würde, nach dem, was ich im Winter mitgemacht habe. Was werden wird, weiss ich nicht, der Zustand ist unerträglich. Ich habe ein Waschbecken hinter mein Kopfkissen gestellt und habe die halbe Nacht die Wanzen von meinem Körper abgeklaubt und hineingeworfen – alles bei stockfinsterer Nacht. Der Verwalter will vergasen lassen, ich wollte, es wäre schon so weit.

Wir fassen jeden 4. Tag ein Kilo Brot, und da ich gar nichts mehr besitze, komme ich selbstverständlich mit dem Brot nicht aus. Hungern und nicht schlafen! Wie lange hält man das aus?

66 Jeder im Ghetto erhielt vier Zulassungsscheine im Jahr. Diese konnte er an Freunde oder Verwandte im Protektorat und später auch nach Deutschland und Österreich senden. Die Verwandten und Freunde durften Pakete bis zu 20 kg ins Ghetto schicken und frankierten diese mit den Scheinen.

30.8.1943

Die Wanzen haben mich verjagt! Ich schlafe im Hausflur, habe frische Luft und sehe die Sterne. Ich schlafe ausgezeichnet, zwar nur auf einem Brett. Nur das Hinunterschaffen und wieder Hinaufschaffen der Matratze, die zentnerschwer ist, und des Bettzeugs erfordert viel Mühe. Ich habe zwar Hilfe, doch bin ich immer wieder erschöpft. Ich bin halt doch sehr schwach von dem unzureichenden Essen. Mila und ich verfertigen uns jetzt Suppen aus Kartoffelschalen, die uns glücklichere Besitzer von Kartoffeln schenken. Gut gewürzt, sind sie nicht einmal schlecht, nur kratzen sie im Hals.

3.9.1943

Unser Zimmer wird vergast. Mein ganzes Hab und Gut kommt zur Vergasung. Meines besteht aus einem Koffer und 2 Säcken. Wir schlafen weiter auf dem Flur und sind 2 Tage obdachlos. Zum Glück ist das Wetter gut, und ich werde den Tag benützen, um mir endlich einmal das Kaffeehaus anzusehen.[67]

13.9.1943

Die Wanzen sind vertrieben. Wir schlafen wieder unbehelligt in unseren Betten. Ich bin glücklich darüber.

Von den Kindern höre ich nichts. Ich bin zwar nicht besorgt, weil ich weiss, dass die Postverhältnisse daran schuld sind, aber es ist mir sehr bange nach ihnen und ich sehne mich nach Nachricht.

Vorige Woche ist ein Transport mit 5000 Personen von hier abgegangen. Es heisst »Arbeitstransport«.[68] Hoffentlich kommt keiner nach. Ich bin zwar auf der Schutzliste, aber, ob das jetzt noch etwas gilt, weiss ich nicht. Die Leute haben im Freien kampieren müssen, samt kleinen Kindern, und die Nächte sind hier sehr kalt und feucht. Es ist ein grosser Jammer und Elend und, wenn die Hoffnung nicht

67 Im Rahmen der »Verschönerung« Theresienstadts für den Besuch des Internationalen Roten Kreuzes wurden im Ghetto Kaffeehäuser eröffnet, in denen man für Ghettogeld eine dunkle Flüssigkeit, die Tee oder Kaffee genannt wurde, bestellen konnte. Zu bestimmten Uhrzeiten wurde in den Kaffeehäusern auch Unterhaltungs- und Jazzmusik gespielt.

68 Am 6. September 1943 verließ ein Transport mit 5.007 Juden aus dem Protektorat das Ghetto, von dem gesagt wurde, dass er für ein Arbeitslager im Osten vorgesehen war. Tatsächlich ging der Transport aber in das Familienlager Theresienstadt von Auschwitz-Birkenau.

wäre, seine Kinder wiederzusehen, stünde es nicht dafür, das Leben hier weiter zu leben. Ich hungere, denn Päckchen bekomme ich nicht mehr und, wenn ich gegessen habe, möchte ich noch 5-mal so viel vertragen. Krankenmilch habe ich durch ein Monat bekommen. Ich wünsche mir Reko als Nachtmahlzubusse, leider sind zuviel Anwärter da, und ich habe sie schon zweimal gehabt, also noch lange keine Aussicht, sie wiederzubekommen. Ich habe wieder Diätkost, sehr gut, aber unzulänglich, um den Hunger zu stillen. Wir schauen aus wie Schatten. Ich bin nur noch ein wandelndes Skelett. Von Fleisch oder Fett fast nichts mehr vorhanden.

24.9.1943

Ich habe mir einen reizenden Pullover aus einem alten Tuch gestrickt. Hoffentlich kann ich ihn meinen Kindern zeigen. Pakete kommen an, leider nicht für mich. Dagegen absolut kein Brief, es ist schon sehr lange, dass ich kein Lebenszeichen von den Kindern habe.

20.10.1943

Von Robert und Gretl hatte ich Nachricht. Wieder mehrere Karten auf einmal. Ich bin sehr glücklich darüber. Von Rudolf leider nichts mehr, und ich hungere nach Nöten. 5 Kartoffel zum Mittagessen oder 2 Löffel Graupen in der Nachtmahlsuppe ist zu wenig, besonders, wenn man mit dem Brot kokettieren muss, bevor man es sich vergönnt, ein Stückchen abzuschneiden. Jeden vierten Tag bin ich ohne Brot. Früher fühlte ich das nicht, denn ich hatte anderes zu essen, aber jetzt bin ich lediglich auf die Fassung angewiesen und das ist katastrophal. Jom Kippur zum Nachtmahl habe ich mich satt gegessen, denn ich war beim Verwalter eingeladen. Erstens eine grosse Ehre und, was noch wichtiger ist, das Abendessen. Wir bekamen Gemüsesuppe, einen grossen Teller voll, Erdäpfelgulasch, auch einen grossen Teller, und schwarzen Kaffee mit zwei Stück Kuchen; dazu meine eigene Fassung.[69] Also das war genug. Aber leider ist das nicht alle Tage.

Jetzt ist immer ein grosser Andrang beim Essenholen und man muss sich anstellen. Leider habe ich mich wieder verkühlt und bin heute im Bett geblieben. Morgen bleibe ich auch im Bett, weil es der Arzt wünscht. Ich fürchte sehr, dass der Husten wieder so ausartet wie

69 Fassung kommt aus der österreichischen Militärsprache und bezeichnet den Erhalt von Lebensmitteln und anderem Gut. Gemeint ist hier die Grundration.

im vorigen Jahr. Ich glaube nicht, dass ich die Kraft habe, einen solchen Husten noch einmal zu überwinden, und ich möchte doch meine Kinder wiedersehen.

3.11.1943

Ich bin seit einer Woche im Krankenhaus, da ich fürchtete, dass der Husten wieder so arg wird, und es war sehr gut, denn ich hatte etwas auf der Lunge. Heute sagte mir der Spitalarzt: »Frau Hirsch, Sie sind geheilt und sehen auch schon viel besser aus.« Hier geht es mir sehr gut, ich habe die richtige Pflege, Aerzte und Schwestern sind sehr brav. Nur bekommen wir fast immer kaltes Essen, bloss die Brotsuppe, die mir Mila Vormittag schickt, ist das einzig Heisse, das ich im Tag bekomme. Der Verwalter hat mich besucht und mir ein Gemüseschnitzel mit Kartoffelsalat mitgebracht, für mich eine Delikatesse. Auch die andern Besucher bringen mir etwas mit. Ich bekam einige Mal Kartoffel, auch Backwerk und von der Verwalterin eine grosse Schnitte Brot, was mir das Liebste war.

Von den Kindern seit einem Monat ohne Nachricht. Es werden hoffentlich wieder einige Karten auf einmal kommen. Wenn ich nur ein Bild von ihnen hätte, damit ich sehe, wie sie jetzt aussehen. Ich sehe besser aus, aber an Gewicht habe ich nicht zugenommen. Ich bekomme Ephetonin,[70] 3 Pillen täglich, einen heissen Wickel und eine Injektion.

Rudi Schmahl ist gestorben, im selben Spital, wo ich gegenwärtig auch liege. Er war lange krank, Rippenfellentzündung und dann Durchfall. Das hat der geschwächte Körper nicht ausgehalten.

14.11.1943

Ich bin gesund und verlasse heute das Spital. Ich war sehr gut aufgehoben, bis auf das ständige kalte Essen und den furchtbaren Zustand der Klosette. In einem Krankenhaus unbegreiflich!

Rudolf hat mir geschrieben, dass ich ihm einen Zulassungsschein schicken soll, damit er mir ein Paket senden kann. Ich habe darum eingereicht, aber ich weiss noch nicht, ob es bewilligt wird, da ich die Frist versäumt habe. Ich wäre sehr glücklich, denn ich hungere furchtbar.

70 Ephetonin war ein Antiasthmatikum.

Am 11. hatten wir einen sehr aufgeregten Tag. Es wurde eine Volkszählung angeordnet, und zwar mussten sämtliche gehfähigen Juden das Ghetto verlassen und sich nach Bauschowitz auf eine Wiese begeben. Nur die Kranken und Siechen konnten zurückbleiben. Darunter war auch ich. Wir sind 18 Kranke im Saal und an diesem Tag bekamen wir noch einige Gehunfähige dazu, so dass wir 36 im Zimmer waren und jeder sein Bett mit einem Einquartierten teilen musste. Das war noch nicht das Schlimmste, sondern die Sorge, was mit den anderen geschehen wird und um die unbewachten leerstehenden Häuser, die unser armseliges Hab und Gut beinhalten. Auf die Strasse durfte kein Mensch und man konnte nichts erfahren. Also geraubt wurde nichts! Dagegen machten die Gehfähigen ein Martyrium mit. Um 4 Uhr früh wurden sie geweckt, um ½ 6 mussten sie sich im Hof anstellen, immer im Karree zu 100. Dann dauerte es mit Warten und Stehen bis Mittag, bis alle endlich auf der Wiese versammelt waren. 31.000 Menschen, darunter Kinder bis zu zwei Jahren. Man zählte sie ab, dann liess man sie stehen etwa 5–6 Stunden. Es ist nicht zu beschreiben, was die Leute mitmachten. Die meisten verrichteten ihre Notdurft in die Kleider. Weit und breit kein Arier zu sehen, kein Befehl wurde erteilt, weder zum Bleiben noch zum Abmarschieren. Es dunkelte, die Kinder weinten und die Alten mit geschwächten Nerven assistierten ihnen. Keiner wagte sich von der Stelle, bis sie sich endlich gegen 9 Uhr nachts ein Herz fassten und nach Hause zurückkehrten. Sie wurden daran nicht gehindert. Es wurde auch nicht geschossen, aber wie wir später erfuhren, soll eine Vernichtung erwogen worden sein. Authentisches weiss ich nicht. Gegen 10 Uhr kamen die Unglücklichen, die den ganzen Tag nichts gegessen hatten, in ihren Ubikationen an. Zum Überfluss regnete es. Der Erfolg sind 17 Tote und 600 Kranke.[71] Zu essen beka-

71 Am 11. November 1943 früh morgens wurden alle Juden in Theresienstadt, die noch laufen konnten, vom Ghetto ins Bauschowitz-Tal getrieben. Dies geschah, nachdem Lagerkommandant Anton Burger entdeckt hatte, dass in der täglichen Aufstellung an die Kommandatur 55 Menschen registriert waren, die schon vor einem Jahr das Ghetto mit einem Transport hätten verlassen müssen. Die Häftlinge mussten stundenlang ohne Essen im Freien stehen. Um drei Uhr Nachmittag kamen die SS-Leute mit Maschinengewehren und begannen in Anwesenheit hoher SS-Offiziere mit einer Zählung, die misslang. Die Deutschen mussten die Zählung im Ghetto einige Male wiederholen, bis sie mithilfe der Essensmarken 40.145 Menschen ermittelten. Erst bei Einbruch der Dunkelheit gestattete man den Häftlingen, ins Ghetto zurückzukehren. Viele erkrankten an Lungenentzündung und 200 bis 300 Menschen bezahlten mit ihrem Leben.

men wir an diesem Tage 30 Dk Brot, 10 Dk Zucker, 3 Dk Margarine und eine halbe Konservendose Leberpastete, sonst keinen Bissen. Das Brot muss ausgegangen sein, denn am andern Tag wurde es 18 Uhr, bevor wir einen Bissen Brot bekamen, und da auch nur 25 Dk. Man macht direkt Hungerkünstler aus uns. Gestern z. B. bestand unser Essen aus 4 kleinen Kartoffeln, 2 Esslöffeln Haschee und am Abend eine Erdäpfelsuppe, Brot 25 Dk. Ich hob mir etwas Brot davon für heute auf und jetzt habe ich das letzte Stückchen Rinde aufgegessen und warte mit Sehnsucht auf die Tagesration, die hoffentlich heute früher kommen wird als gestern.

28.11.1943

Nach 3 Wochen wurde ich aus dem Spital gesund entlassen und hatte das Unglück, in derselben Nacht nach der Heimkehr Interitis[72] zu bekommen. Es ist eine schreckliche Krankheit und besonders katastrophal in der Nacht, wo kein Licht brennen darf, nicht einmal, wenn ein Sterbender im Zimmer ist.

Die Zählung ist nicht nach Wunsch ausgefallen, und so haben sie noch einmal gezählt. Diesmal ging es rascher, 3 bis 6 Stunden dauerte es, je nachdem man Glück hatte. Die Bettlägerigen wurden nicht vorgeladen. Da hiess es plötzlich, die Bettlägerigen werden separat gezählt, und zwar werden sie in eine Kaserne gebracht, wo sie alle zusammen sind. – Um 4 Uhr früh mussten wir aufstehen, was das heisst, wenn man mehrere Wochen im Bett gelegen ist, kann man sich vorstellen. Um 6 Uhr wurden wir geholt. Nebliges Wetter, stockfinstere Nacht. Gut eingewickelt wurde ich in die Kaserne gebracht. In ein Zimmer zu ebener Erde, direkt vom Hof aus erreichbar, in dem eine Menge Bänke standen, ganz wie in einem Eisenbahnkoupé. Ich sass in der Nähe des Ofens, leider rauchte er, so dass man ununterbrochen die Fenster aufreissen musste. Nach und nach kamen die Kranken an, 69 an der Zahl, teils geführt, teils auf Stöcken, teils auf Tragbahren. Nachdem wir bis zum Überdruss gezählt worden waren, da es nie stimmte und die nicht dazugehörten – das waren die Freunde – ununterbrochen hinausgeworfen wurden, sagte man uns, dass wir die Kennkarte in der Hand halten sollten, damit, wenn die Deutschen kommen, sie auch nicht eine Sekunde warten müssen. Es wurde eins, es wurde zwei, es wurde fünf und es wurde sechs Uhr, und

72 Interitis ist eine Entzündung des Dünndarms, die meistens Durchfall auslöst.

noch immer keine Deutschen! Dreimal musste ich Baldrian bekommen, so unwohl wurde mir. Endlich kam man auf die Idee, dass unsere Kaserne vergessen worden war, und so entschlossen sich die Feiglinge, zur Kommandatur zu schicken und anzufragen. Inzwischen war es 8 Uhr geworden. Wir dürfen nach Hause gehen, unverrichteter Sache. Stockfinster! Der Verwalter, der vielleicht 30-mal am Tag bei uns drüben war und gesorgt hatte, dass wir etwas zu essen bekamen, brachte mich nach Hause, am andern Arm eine Leidensgenossin. Es war so finster, dass man keinen Schritt vor sich sehen konnte, so rief er immer, wenn sich Schritte näherten, »Achtung Kranke!« und die Leute wichen aus, was mich eigentlich wundert, denn es gibt nichts Rücksichtsloseres, Ungefälligeres als die Juden in Theresienstadt. Am andern Morgen ½7 Uhr früh mussten wir wieder antreten. Diesmal dauerte es nur bis neun, dann wurden wir abgezählt und konnten nach Hause gehen. Ich bin durch diesen Ausflug schrecklich zurückgeworfen und huste erbärmlich. Wenn man solche Sachen überlebt, ist es ein Wunder, aber ich habe den festen Willen, meine Kinder noch einmal zu sehen.

Für Rudi ist ein Paket auf meinen Namen angekommen und wurde mir zugestellt.

15.12.1943

Es gehen wieder Transporte weg. Diesmal sind nur die Protektoratsangehörigen betroffen. 7500 Personen sind angefordert, es ist ein furchtbares Elend. Altersgrenze gibt es keine, und Fieber gilt nur über 40°, sonst müssen auch die Kranken mit, die es gerade trifft. Auch schwangere Frauen. Eine Frau im siebenten Monat stellte man vor die Wahl, sich das Kind nehmen zu lassen oder mit dem Transport zu gehen. Sie ging mit dem Transport! Schwangere Frauen! Jede Frau in diesem Zustand ist verpflichtet, es dem Arzt zu melden. Dann wird entschieden, ob sie das Kind behalten darf oder nicht.[73]

73 In der Zeit vom 9. Januar 1942 bis zum 28. Oktober 1944 erteilte die Lagerkommandatur dem Ältestenrat und der jüdischen Selbstverwaltung den Befehl, Transporte in den Osten zu organisieren. Einige der zu Vertreibenden wurden nach Weisung der Lagerkommandatur bestimmt, andere wurden von der »Transportkommission« der jüdischen Selbstverwaltung nach eigenen Kriterien ausgesucht. Im Täuschungssystem der Nazis hieß es anfangs zwar, die Vertriebenen kämen in ein Arbeitslager, die Menschen hatten aber Angst und suchten einen Weg, die jüdische Führung zu beeinflussen, um in Theresienstadt

Von den Kindern habe ich keine Nachricht, doch konnte ich ihnen dieser Tage schreiben. Die erste Karte bekam ich von der Zensur zurück, weil ich geschrieben hatte, dass Muster ohne Wert ankommen. Ich bin noch immer im Bett, aber es geht mir schon ganz gut. Unser Arzt ist für Bettruhe, weil er der Ansicht ist, dass dann weniger Kräfte verbraucht werden, denn das Essen ist meistens gleich null! Ein Knödel Mittag, Abend Kaffee. Sechs Kartoffel Mittag, Abend Kaffee. Selbstverständlich schwarz und ungezuckert. Mit Brot immer die gleiche Misere. Meine Zubusse – 3 Dk Zucker, 2 Dk Margarine wöchentlich – habe ich verloren, weil ich durch die Übersiedlung ins Spital automatisch aus dem Hausdienst ausgetreten bin.

18.12.1943

Ich habe zu Max Lengsfelder geschickt und fragen lassen, was er macht, denn er hat es wieder mit der Lunge. Er hat sich riesig gefreut, er und seine Frau müssen noch heute zum Transport. Ich bin froh, dass ich ihn noch erreichen konnte.

20.12.1943

Grete Kormos ist mit dem Transport weg. Ich bin ausser mir! Es kam so schnell, dass sie mich nicht einmal verständigen konnte. Sie hat Lise das Wort abgenommen, sich nicht aufzuregen, damit sie nicht wieder rückfällig wird. Die Arme ist seit 14 Monaten krank und hat alle schweren Krankheiten, die man sich denken kann, durchgemacht!

Von den Kindern leider keine Nachricht.

bleiben zu können und nicht in ein anderes, schlimmeres Ghetto im Osten zu kommen. Während der Zuständigkeitsperiode des ersten Lagerkommandanten Siegfried Seidl durften Frauen, die schwanger ins Ghetto kamen, ihr Kind austragen und zur Welt bringen. Als Anton Burger im Februar 1943 die Lagerkommandatur übernahm, mussten sämtliche Schwangerschaften abgebrochen werden. Die Schwangeren mussten sich untersuchen lassen, und die Ärzte waren verpflichtet, Bericht zu erstatten. Die Eltern wurden gezwungen, eine Zustimmungserklärung für die Abtreibung zu unterschreiben. Verweigerten sie dies, drohte die Tötung des Neugeborenen und eine Verlegung der Eltern in den Osten.

Gestern hat Siegfried Geburtstag gehabt.[74] Ich wundere mich, dass er keinen Weg findet, mir ein Paket zukommen zu lassen. Aus Australien kommen Pakete, die in Istanbul bestellt wurden. Herrliche Sachen! Mir wäre geholfen damit, und er hat die Türkei doch viel näher. Dass man in Haifa nichts von Liebesgaben für Theresienstadt hören sollte?

Einen herrlichen Seidenschirm aus Nellys Verlassenschaft habe ich für einen Laib Brot von 2 kg hergegeben. Die Zahlung erfolgte in Raten à ½ kg. Die letzte Rate habe ich nicht mehr bekommen, weil die betreffende Dame plötzlich nach Polen gehen musste.

Der Arzt kommt täglich zu mir und ich bekomme dieselben Medikamente, die ich im Spital erhielt.

Aufstehzeit in Theresienstadt ist 6 Uhr. Man weiss nicht, wohin mit seinen Sachen. Alles ist im Bett untergebracht, was das Aufräumen sehr erschwert. Mit der Heizung ist es heuer besser, wir bekommen Kohle, während wir im vorigen Jahr frieren mussten. Leider sind die Fenster so schlecht verschlossen, dass es hereinzieht, was der Heizung nicht zuträglich ist.

24.12.1943

Wenn die Not am grössten ist! Heute bekam ich ein Päckchen. Es war nicht für mich bestimmt, sondern für den verstorbenen Rudi Schmahl, der, wie ich bereits geschrieben habe, seine Pakete unter meiner Adresse erhielt. Es war nur ein halbes Kilo, wie es für die Weihnachtspakete Vorschrift ist, aber sehr schön. Vier Packerl mit Saucen, 5 Lebkuchen und ein guter Tee. Ausserdem habe ich einen Zippverschluss[75] verkauft für 1 ½ kg Kartoffel. Jetzt bin ich für ein paar Tage reich.

74 Siegfried Reginald Wolf war Camillas ältester Bruder. Er wurde am 19. Dezember 1867 in Prag geboren und verstarb in Haifa am 5. Januar 1951. Im Oktober 1938 wanderte er mit seiner Frau Ida Wolf, geb. Südfeld, in das damalige Palästina aus. Ida wurde am 23. Februar 1878 geboren und verstarb am 26. Februar 1946.

75 Reißverschluss

1944

14.1.1944

Eine Überraschung löst die andere ab, aber selten eine angenehme. Gestern mussten wir nach 1½ Jahren plötzlich unser Zimmer räumen und wurden in ein anderes verlegt. Was das bedeutet, kann nur begreifen, der eine solche Situation mitgemacht hat. Bisher hatten Mila und ich einen Platz beim Fenster für uns allein. Jetzt sind wir in einem Zimmer untergebracht, durch das ca. 30 Personen bei Tag und bei Nacht durchgehen. Aber es ist wenigstens ein Einzelbett und ich bin dem Verwalter sehr dankbar, dass er das Beste von dem, was er hatte, für mich und Mila reserviert hat. Die beiden Frauen, die die Betten bisher innehatten, mussten aus dem Haus übersiedeln, ebenso wie die meisten aus unserem alten Zimmer, wenn sie nicht auf den Dachboden wollten. Der Platz, den ich habe, ist eng und ich werde lange brauchen, bis ich meine Sachen richtig untergebracht habe. Aber ich wünsche mir nur, dass es nicht noch ärgere Überraschungen geben soll.

Gestern hat mich mein Neffe Gerhard Hirsch aufgesucht, er ist seit zwei Jahren in Theresienstadt und hat durch Zufall erfahren, dass ich da bin.

Mila hat 2 Pakete aus Stockholm bekommen. Das Wertvollste sind 4 Zitronen, für die wir 2 kg Brot und 4 kg Kartoffel eintauschten. So haben wir doch wieder etwas zu essen.

20.1.1944

Heute habe ich eine Karte von den Kindern bekommen, vom 18.10. Sie haben seit Mai keine Nachricht von mir, trotzdem ich 3-mal geschrieben habe. Ich bin glücklich, dass es den Kindern gut geht, das ist ein Trost für mich.

Ich habe mich schon ein bisschen in meiner neuen Behausung eingelebt. Die Insassen sind mir lieber als die vorherigen, aber da es ein Durchgangszimmer ist und alles durch den Gang, der knapp an meinem Bett vorüberläuft, durchgehen muss, so ist es furchtbar für mich, besonders in den Morgenstunden. Ich habe ausgerechnet, dass die 21 Personen, die das Nebenzimmer bewohnen, mit hin- und hergehen und Besuchern mindestens 600 Durchgänge absolvieren, das ist nicht übertrieben, sondern wahrscheinlich zu niedrig angenommen.

Ich arbeite wieder in der Kanzlei. Ich kann das jetzt leichter, weil mein jetziges Zimmer neben der Kanzlei liegt, während ich früher den Hof passieren musste.

15.2.1944

Die Kinder schrieben 3 Karten. Ich bin glücklich darüber. Sie haben mir ein Paket geschickt, aber ich glaube nicht, dass es ankommen wird. Es ist schon zu lange her. Meinen Zulassungsschein konnte ich endlich für Rudolf abgeben. Ich leide sehr unter dem Hunger. Ich stelle mich jetzt wegen Suppe an. Man muss fast eine Stunde stehen, damit man einen Löffel der übrig gebliebenen Suppe bekommt. Heute hatte ich Glück. Ich bekam 2 ½ Schöpfer. Meine 6 Dk Margarine in der Woche und meine 10 Dk Zucker tausche ich gegen Brot ein, obwohl Zucker gesünder ist, aber Brot sättigt mehr.

Lise habe ich besucht. Sie ist nicht mehr im alten Krankenhaus, sondern in »Hohenelbe«,[76] wo sie es besser hat. Hoffentlich wird sie die zahllosen Krankheiten überleben. Ich habe ihretwegen grosse Sorgen. Ich fand sie in guter Stimmung, denn sie hat indirekt Nachricht von Grete, dass sie gesund ist und dass es ihr gut geht. Hoffentlich stimmt es auch.

Ich habe mir auf meine Punkte einen wunderschönen Wintermantel gekauft. Guter Stoff und Skunkskragen für 50 Ghettokronen! Ich habe grosse Freude damit und hoffe, dass ich noch Gelegenheit haben werde, ihn einmal unter freien Menschen zu tragen.

2.4.1944

Rudolf ist ein herzensguter Mensch, er hat mir ein Paket von 20 kg zukommen lassen. Nun hat alle Not für längere Zeit ein Ende. Es ist alles da, was ich brauche, und ich bin sehr glücklich darüber. Allerdings kann ich erst wieder in einigen Monaten einen Zulassungsschein bekommen.

Lise ist noch immer sehr, sehr krank. Als ich heute bei ihr war, konnte sie nicht sprechen, weil sie am Vormittag punktiert worden

76 Die Hohenelber Kaserne war ursprünglich ein Garnisonsspital und wurde in der Ghettozeit weiterhin als Krankenhaus genutzt.

war. Ich fürchte von einem Mal zum andern, dass ich sie nicht mehr lebend antreffe.

Den Kindern habe ich geschrieben, hoffentlich gelangt die Karte in ihre Hände! Ich bin in grosser Sorge um sie und sehr beunruhigt wegen der Gerüchte, dass die Deutschen in Ungarn sind. Der Verwalter sagt zwar, ich brauche mir keine Sorgen zu machen, aber das ist leicht gesagt. Ich denke fast immer an sie und weiss nicht, was ich hoffen und glauben kann. Seit 6.12. habe ich keine Nachricht mehr.

Jetzt habe ich auch Krankenzubusse, für 14 Tage ein reichliches Nachtmahl. Jetzt bekomme ich es, wo ich es nicht mehr so notwendig brauche.

So mild der Winter im Vorjahr war, so streng ist er heuer. Heute, am 2. April schneit es noch hier und die Wasserlacken[77] sind zugefroren. Mila ist krank, Rippenfellentzündung, schon seit 14 Tagen. Auch sie hat ein Paket aus Genf bekommen, so dass wir jetzt keine Not spüren. Wir teilen alles, was wir haben.

9.4.1944

Ich bin sehr nervös, weil ich schlechte Nachrichten über Ungarn höre. Meine Befürchtung ist eingetroffen, die Juden dort müssen den Judenstern tragen. Das ist nicht das Schlimmste, daran gewöhnt man sich, aber ich habe so grosse Sorgen, dass die Kinder die Erwerbsmöglichkeiten verlieren, und es war bis jetzt das Einzige, was mich aufrecht erhalten hat, dass ich wusste, dass es meinen Kindern gut geht. Wann wird endlich dieses Leiden enden? Wann werde ich die Kinder wiedersehen?

In der Kanzlei habe ich jetzt viel zu tun, weil meine Mitarbeiter aus Frömmigkeit nicht ins Büro kommen[78] und ich ganz allein bin, so dass ich nicht auf eine Minute die Kanzlei verlassen kann. Aber ich bin glücklich, dass ich jetzt gesund bin und wieder arbeiten kann. Hoffentlich bleibt es so, denn von einer Krankheit erholt man sich in Theresienstadt schwer.

77 Wasserlachen, -pfützen

78 Gemeint ist das Pessachfest, an dem fromme Juden nicht arbeiten.

28.4.1944

Von den Kindern habe ich Nachricht, leider aber nur vom Dezember und Feber,[79] während ich mir sehnlichst zu hören wünsche, wie es ihnen jetzt geht.

Ich war eine Woche zu Bett, wieder wegen Husten und bin gestern röntgenisiert worden. Den Befund konnte ich nicht verstehen, weil sehr rasch gesprochen wurde mit lateinischen Benennungen. Ich musste 1½ Stunden warten, in einem kleinen Raum, in dem sich ca. 20 Menschen befanden. In der Mitte stand eine Tragbahre mit einer Kranken, sobald die Kranke absolviert war, wurde wieder eine neue Tragbahre gebracht. Also ein sehr angenehmer Aufenthalt.

Am 23.4. ist Lise gestorben, ein Glück für Grete, dass sie es nicht weiss. Lise wusste, dass sie sterben wird, und hat die Schwester gebeten, mich und Otti in Budapest von ihrem Tode zu verständigen. Ich bin sehr erschüttert. Man wird von dem vielen Elend, das man sieht, ganz apathisch. Arme Grete! Lise hat sehr gelitten. Ich war jede Woche bei ihr, meistens durfte sie nicht sprechen oder konnte nicht aus Schwäche. Das letzte Mal, als ich dort war, brachte ich ihr eine Sardine mit, die ich von Mila bekam. Das ist hier eine grosse Kostbarkeit, aber sie konnte sie nicht essen, weil es ihr zu schwer war.

Ich gehe jetzt in die urologische Ambulanz, weil ich einen lästigen Blasenkatarrh habe, also alles mögliche Schöne.

4.5.1944

Mein Geburtstag, und keine Nachricht von den Kindern. Wenn ich nur wüsste, wie es ihnen geht. Wo wird es ein Wiedersehen geben und wann?

Ich bin wieder krank. Interitis! Eine gefährliche Krankheit, an der hier die meisten zugrunde gehen. Ich hatte 38,6° und der Arzt wollte mich ins Spital schicken, aber das Fieber hat glücklicherweise nachgelassen.

Der Verwalter und seine Frau haben mir zum Geburtstag gratuliert und mir einen Pudding geschenkt. Auch die beiden jungen Leute vom Jugendheim haben sich heuer wieder mit 4 schön garnierten Broten eingestellt. Ich freute mich über die Aufmerksamkeit.

Das Röntgenbild hat Defekte in der Lunge und im Herzen ergeben. Ich fange schon an, daran zu denken, ob ich das alles überste-

79 Februar

hen werde. Mila ist schon gesund, sieht aber elend aus. Ihr Gewicht ist 38 kg.

16.5.1944

Es ist jetzt eine sehr aufgeregte Zeit, weil wir wieder Abtransporte haben. 10.000 Insassen des Ghettos müssen fort. Unser Haus ist fast ausgestorben, denn es sind mehr als hundert von den Unsrigen angefordert.[80] Man verliert seine besten Freunde, es ist sehr traurig und das Elend furchtbar. Welcher Jammer, welches Grauen! Zum Glück ist das Wetter günstig.

Im Feber habe ich eine Karte nach der Schweiz geschickt an einen Dr. Ullmann in Genf.[81] Jemand hat mir die Adresse gegeben, damit ich eine Verbindung mit Siegfried bekomme. Zu meiner grossen Überraschung erhielt ich gestern ein Päckchen mit 2 Schachteln Sardinen aus Lissabon, und dieser Dr. Ullmann ist der Aufgeber. Jedenfalls schliesse ich aber daraus, dass Siegfried bereits von mir Nachricht hat. Denn wenn in der Zeit ein Auftrag von der Schweiz nach Lissabon ging und das Päckchen von dort hier ankam, muss auch die Zeit hinreichen, dass die Nachricht von Dr. Ullmann mit meinen Grüssen in Haifa angekommen ist. Allerdings muss man zuvor Siegfrieds Adresse ausfindig machen, denn ich durfte sie selbstverständlich nicht angeben. Jetzt warte ich ungeduldig auf Nachrichten von Siegfried. Von den Kindern erhielt ich einige Karten, die mehrere Monate gelaufen sind. Die letzte vom Feber. Leider noch nichts aus der Zeit, seit

80 Im Mai 1944 verließen drei Transporte mit 7.503 Menschen das Ghetto Theresienstadt Richtung Auschwitz-Birkenau. Zu den Vertriebenen zählten laut Anweisung der Deutschen alle Häftlinge, die nicht in das Erscheinungsbild des jüdischen Ghettos passten, das die Deutschen den Repräsentanten des Internationalen Roten Kreuzes vorführen wollten. Dessen Besuch war für den 23. Juni 1944 vorgesehen. Bei den drei Transporten handelte es sich um Tuberkulosekranke, Schwerkranke, Alte und Waisenkinder. Letztere kamen auf besondere Anweisung der Lagerkommandatur zu den Transporten hinzu, um die Spuren der Ermordung ihrer Eltern zu vertuschen und ein zufälliges Zusammentreffen der Waisen mit den Besuchern des Roten Kreuzes zu verhindern.

81 Dr. Fritz Ullmann, Mitglied der Jewish Agency, saß in Genf und war Kontaktmann zwischen den Juden des Protektorats und Palästina und der freien Welt. Er war für den Versand tausender Pakete an Juden verantwortlich, die als Theresienstadt-Deportierte auf diversen Listen standen. Die Pakete kamen aus Lissabon. Im ersten Halbjahr 1944 erreichten 10.000 Pakete mit Sardinen, die eine sehr wichtige Nahrungsergänzung darstellten, das Ghetto.

Ungarn von den Deutschen eingenommen worden ist, und so bin ich noch immer in grosser Ungewissheit um das Schicksal meiner Kinder.

18.5.1944

Der Kelch ist an mir vorübergegangen. Ich bin nicht im Transport, es heisst, dass die Leute über 75 Jahre geschützt sind. In unserem Zimmer sind von 10 Personen nur 4 zurückgeblieben. Die Letzte der Evacuierten wurde heute Nacht um 2 Uhr abgeholt. Hier geschieht überhaupt das meiste bei Nacht. Unser Verwalter hat selten einmal eine Nacht, wo er nicht geweckt wird. Manchmal wegen Belanglosigkeiten, dass es empörend ist, die Nachtruhe deswegen zu stören.

Ich habe es jetzt besser, da ich meinen schlechten Platz mit einem guten vertauschte. Ich habe jetzt wieder einen Fensterplatz, so wie in meinem alten Zimmer, das man uns weggenommen hat, um Protektionskinder der »Raumwirtschaft« hineinzusetzen. Anstatt 18 Personen sind jetzt in dieses Zimmer nur 9 Personen hineingekommen. Das nennt man in Theresienstadt »prominent«.

Leider ist mein Durchfall noch immer nicht gut. Heute bin ich deshalb wieder im Bett. Unser alter Doktor, der mich durchaus ins Spital bringen wollte und der mir, als ich aufstehen wollte, sagte: »Sie sind kranker, als Sie glauben«, ist auch mit dem Transport weggekommen. Ich hoffe, dass der neue Arzt diese Ansicht über meinen Gesundheitszustand nicht teilen wird.

Von den Leuten, die deportiert wurden, sind viele, die mir ans Herz gewachsen waren in der langen Zeit, in der wir zusammen lebten, aber es sind auch welche darunter, um die ich nicht trauere. Im Gegenteil! – So gleicht sich alles aus.

Die Wanzen quälen uns wieder furchtbar, und der Verwalter hat darum angesucht, dass das ganze Haus vergast werde. Hoffentlich geschieht dies bald. Einstweilen helfe ich mir damit, dass ich auf dem Fussboden schlafe, denn die Wanzen sind aus den ungehobelten festgenagelten Brettern der Betten nicht herauszubringen. Wann wird endlich die Erlösung kommen?

25.5.1944

Ich erhielt weitere 2 Pakete mit Sardinen aus Lissabon von Dr. Ullmann. Das ist ausserordentlich schön von einem Menschen, der einen nicht einmal kennt. Die Leute haben Erbarmen mit uns! Bei uns im Zimmer ist es ruhig geworden. 4 Personen anstatt 10, das ist schon ein Unterschied, aber wir werden wieder Zuwachs bekommen. Auch im Nebenzimmer ist es sehr gelichtet, so dass das viele Durchgehen nachgelassen hat. Ich habe jetzt einen kleinen Tisch, auf dem ich essen und arbeiten kann, und das Gedränge und Gedrücke hat aufgehört. Jetzt soll nur keine Aenderung kommen, bis wir erlöst werden, denn die Transporte stehen wie ein drohendes Gespenst vor uns. Hätte ich nur schon Nachricht von meinen Kindern, wie es ihnen geht, seit die Deutschen dort sind. Man sieht ja ab und zu Postkarten aus Ungarn, aber die sind noch alle vom März und anfangs April war die kritische Zeit.

1.6.1944

Ich erhielt noch ein Paket Sardinen aus Lissabon und glaube bestimmt, dass dies das avisierte Paket der Kinder ist. Es kommen jetzt Unmengen von Sardinen hier an. Es scheint für die Lieferanten ein gutes Geschäft zu sein.

Ich habe in der Kanzlei neue Agenden übernommen, und zwar diejenigen einer Dame, die mit dem Transport weggekommen ist. Es handelt sich um die Ambulanzkarten und die Kranken-An- und Abmeldungen. Ich habe dabei den Vorteil, dass ich in meinem Zimmer arbeiten kann, und die Zeit, wo nichts zu tun ist, für mich verwenden kann.

Ich bin wieder um einen Zulassungsschein eingekommen. Diesmal ging es glatt, ohne die geringste Schwierigkeit. Ich könnte ganz gut wieder ein Paket brauchen. Von den vielen Sardinen, die wir bekommen – auch Mila hat Verwandte, die an sie denken –, können wir uns nur einen geringen Teil vergönnen, die andern müssen wir für Mehl und Kartoffel eintauschen. Und wenn Sardinen auch mehr Nährwert haben, sättigender oder vielmehr den Magen füllender sind Kartoffel.

21.6.1944

Theresienstadt verschönt sich immer mehr.[82] Es geschieht zwar nicht für uns arme Gefangene, sondern für eine zu erwartende Kommission, aber wir haben doch den Nutzen davon. Auf dem Marktplatz

82 Im Oktober 1943 gab es nach wiederholten Anfragen des Internationalen Roten Kreuzes und der dänischen Regierung eine prinzipielle Einwilligung des Reichssicherheitshauptamtes für einen Besuch des Internationalen Roten Kreuzes in Theresienstadt. Es sollten die Lebensbedingungen der deportierten Juden

stehen plötzlich zahllose Bänke, wie aus der Erde gewachsen, und ein Musikpavillon. Zweimal im Tag spielt die Kapelle. Dann haben wir die Sokolowna![83] Ein grosser villenartiger Bau, der als Kurhaus jedem Badeort Ehre machen würde, mit mehreren Veranden, mit Tischen und grossen Sonnenschirmen.

22.6.1944

Während auf dem früher verbarrikadierten Marktplatz jetzt schöne Fusswege über den Rasen laufen, sind auch andere Parks, die man früher nicht betreten durfte, plötzlich freigegeben worden, elegante Bänke sind überall zu sehen, ideale Kinderspielplätze wurden errichtet. Morgen wird die Kommission erwartet. Einstweilen hat sich die Kost bereits auffallend verbessert. Gestern bekamen wir eine Dose Leberpastete nach dem Abendessen. Dann sollen wir auch zweimal in der Woche Gemüse bekommen, das man uns bisher entzogen hat.

Dr. Ullmann hat mir geschrieben, bestätigt die von ihm gesandten Sardinen, aber von Siegfried noch kein Wort. Ob er imstande ist, mich mit Haifa in Verbindung zu bringen, wird die Zeit lehren.

Ich habe so grosse Sorgen um die Kinder und keine Nachricht aus Ungarn, es ist trostlos!

23.6.1944

Jetzt haben wir jede Woche im Hof ein Kabarett. Glänzende Kräfte. Sehr geistreich und erheiternd. Dagegen war ich nach einem Jahr wieder einmal im Kaffeehaus, aber die dortige Kabarettaufführung hat nicht die Mühe des kurzen Wegs verlohnt.

überprüft werden. Damit man Theresienstadt den internationalen Gremien gebührend zur Schau stellen konnte, musste zuerst die schreckliche Unterkunftsnot behoben werden. Die Lagerhäftlinge unter Karl Rahm, der im Februar 1944 zum Lagerkommandanten Theresienstadts ernannt wurde, arbeiteten fieberhaft an der »Verschönerung« des Ghettos. Dafür wurden Karl Rahm große Geldbeträge seitens der Reichsbehörden zur Verfügung gestellt. Der Besuch fand am 23. Juni 1944 statt und war ein großer Erfolg für die SS.

83 Die Sokolovna (ursprünglich ein Vereinshaus mit Turnhalle) wurde bis 1944 als Krankenhaus genutzt; im Zuge der »Ghettoverschönerung« wurde sie als Gemeinschaftshaus adaptiert.

11.7.1944

Ich war wieder einmal bei einer Beerdigung. Seit einem Jahr habe ich keiner beigewohnt, obwohl viele mir liebgewordene Menschen zu Grab getragen wurden, aber ich war zu schwach, um den 10 Minuten weiten Weg zu machen. Auch hier sind grosse Veränderungen. Die Halle, in der die Toten jetzt aufgebahrt werden, ist gedeckt, ein Altar für Kantor und Rabbiner. Die Särge mit schwarzem Tuch bedeckt und die Totenwagen haben schwarzen Behang mit dem Magen David[84] in Gold gestickt. Das hat mir wohlgetan; welch Unterschied gegen früher, wo die Särge wie tote Hunde auf den Leiterwagen geworfen worden sind.

Ausser der Wasserleitung bis zum 1. Stock hinauf, die wir vor einem halben Jahr bekommen haben, bekamen wir auch englische Klos. Sehr angenehm, wenn sie nicht gerade verstopft sind, und das ist bei den Hottentotten, mit denen man verurteilt ist, zusammenzuleben, fast meistens der Fall. Doch haben wir auch angenehme Menschen im Hause. In der letzten Zeit hatten wir grossen Zuzug von Getauften, die aus gelösten Mischehen stammen.[85]

Die Kinder haben mir geschrieben. Die Karte ist vom 11. Mai, also schon aus der Zeit, da Ungarn von den Deutschen besetzt ist. Sie schreiben kurz und sehr vorsichtig. Ich war so aufgeregt, als ich die Karte erhielt, dass ich einen leichten Ohnmachtsanfall hatte. Der Arzt sagt, es kommt vom Herzen, und betont immer, dass ich sehr auf mich achtgeben muss. Das tue ich auch.

Das Essen ist wieder schlechter geworden; die Kommission ist weg und das aufgebesserte Essen auch. Leider. Ich warte mit Sehnsucht auf das Paket von Rudolf. Der Zulassungsschein ist am 5.6. an ihn abgegangen. Das vorige Mal hat es vom Abgang des Zulassungsscheines bis zur Ankunft des Paketes 25 Tage gedauert. Jetzt sind schon 11 Tage über diese Frist verstrichen und ich erwarte es Tag für Tag. Inzwischen hat Mila Speck und Haselnüsse bekommen. Den Speck haben wir ge-

84 Davidstern

85 Die »Getauften« waren Juden, die zum Christentum übergetreten waren und Arier geheiratet hatten. Diese waren vor der Vertreibung geschützt, solange die Ehe bestand. Die Behörden setzten jedoch die Arier unter Druck, sich von ihren Ehepartnern, die den Rassengesetzen nach noch immer als Juden galten, scheiden zu lassen. Nach der Scheidung entfiel der Schutz, und die getauften Juden wurden nach Theresienstadt deportiert.

gessen und die Haselnüsse werden wir in Brot eintauschen. In Theresienstadt blüht der Tauschhandel.

Ich kann nicht begreifen, warum mir Siegfried kein Paket schickt. Fast jeder Insasse hier bekommt von seinen Verwandten Liebesgaben aus Lissabon und Istanbul. Sollte Siegfried die Annoncen der Exportfirmen für Sardinen und sonstige Lebensmittel nicht zu Gesicht bekommen?

Die Wanzen fressen uns wieder auf. Man kann keine Nacht ruhig schlafen, und alles Reinigen nützt nichts, denn sie sitzen im Holz, wo man nicht dazu kann. Am 19. soll das Haus ausgeblasen werden. Wir übersiedeln dann auf einige Tage in eine andere Ubikation, so wie es schon öfter der Fall war, dass Fremde für die Zeit des Ausblasens bei uns einquartiert wurden.

Wir dürfen jetzt jeden Monat einmal schreiben. Gestern habe ich den Kindern geschrieben, genauso vorsichtig wie sie. Die Hauptsache ist, dass man weiss, man lebt, und dass man gesund ist. Wann wird endlich die Erlösung kommen?

In unserem Hof stehen 2 Kirschbäume, überfüllt mit Kirschen, aber alles grün und so klein wie Kirschenkerne. Vom Balkon aus kann man Kirschen erreichen. Ich habe mir vorgenommen, dass ich heuer ein paar erwischen muss, denn ich habe seit Jahren keine Kirsche mehr gegessen, überhaupt kein Obst.

26.7.1944

Rudolfs 20 kg-Paket ist angekommen. Jetzt hat die Not wieder für einige Zeit ein Ende. Auch aus Lissabon kamen 2 Päckchen Sardinen. Ich kombiniere, dass eines von Robert und eines von Siegfried ist. Das macht mir mehr Freude als die Sardinen selbst.

Ich habe genau die Hälfte meines Gewichtes abgenommen. Früher hatte ich 92 kg und jetzt 46 kg. Ich wurde gewogen und als untergewichtig erklärt. Dafür erhielt ich vom Gesundheitswesen eine Dose Sardinen.

Die Wanzenplage ist schrecklich. Das Haus soll vergast werden, aber das Gas ist noch nicht angelangt, und so bleibt mir nichts übrig, als am Fussboden zu schlafen. Die meisten Insassen schlafen im Freien, aber ich fürchte mich vor Katarrh, der noch ärger wäre als die Wanzenplage, und bleibe im Zimmer.

Heute habe ich einen Kohlkopf gegen ein ¼ kg Erbsen eingetauscht. Ein lange entbehrter Genuss! Wer mir gesagt hätte, dass ich mich je nach Gemüse sehnen werde!?

1.8.1944

Hochzeitstag der Kinder. Wie verbringen sie ihn? Ich denke an sie. Wann werde ich endlich erleben, sie wiederzusehen?

Heute erhielt ich wieder Sardinen aus Lissabon, sie dürften von Robert sein, nach einem Druckfehler in der Adresse zu schliessen, der sich zum 3. Mal wiederholt. Ich würde mich noch viel mehr freuen, wenn ich nicht die Sorgen hätte, dass es den Kindern jetzt pekuniär[86] nicht mehr gut geht. Ich hoffe nur, dass sie sich etwas in der guten Zeit zurücklegen konnten. Es ist schrecklich, wenn man so gar nichts voneinander weiss und nur alles kombinieren muss. Diese Woche habe ich wieder Schreiberlaubnis, aber weiss ich denn, ob meine Briefe an die Kinder auch ankommen?

11.8.1944

Die Wanzen nehmen derartig überhand, dass sie uns aus den Betten und Zimmern vertreiben. Ich liege jetzt am Gang auf einer länglichen Kiste, kann aber erst, wenn es ganz finster ist, mein Nachtlager beziehen, da es verboten ist, am Gang zu liegen, und ich nicht gern Nachahmer finden möchte. Der Verwalter ging schon einige Male vorüber, ohne mich zu bemerken. Ich glaube, er schaut absichtlich weg, um es nicht verbieten zu müssen. Wann das Haus vergast wird, ist noch immer nicht bestimmt, es ist nicht genügend Gas im Ghetto.

Ich war nachtblind, konnte sogar bei hellem Mondschein nicht das Geringste sehen. Der Arzt in der Ambulanz gab mir Wogan,[87] und wie durch ein Wunder ist die Nachtblindheit, die auf Mangel an Vita minen zurückzuführen ist, geschwunden.

In der Sokolowna, wohin ich des Abends gehe, bekommt man jetzt Kirschwasser mit einem Stückchen Würfelzucker für 3 Ghetto-Kronen. Man möchte nicht glauben, wie das einem wohltut. Man wird ja so bescheiden! Die Sokolowna hat ausser den herrlichen Veranden 3 Säle im oberen Stockwerk. Darunter ein Theatersaal und ei-

86 finanziell

87 Vogan war ein gebräuchliches Vitamin A-Produkt, das aus Fischleberöl hergestellt wurde.

ne Bibliothek. Die Bücher dürfen aber nicht mitgenommen werden, man darf sie nur an Ort und Stelle lesen. Übrigens besitzen wir auch eine anständige Hausbibliothek. Ich lese sehr viel.

Von den Kindern höre ich leider gar nichts und wäre doch so glücklich über ein Lebenszeichen. Ich schrieb ihnen gestern.

20.8.1944

Von den Kindern noch immer ohne Nachricht, wie mir zumute ist, kann man sich nicht vorstellen.

Jetzt wird gefilmt. Bei einer Kabarettvorstellung ca. 5000 Menschen. Aber es war schwer, sie zusammenzubringen, niemand wollte sich dazu hergeben, so geschah es zwangsweise. Aus jedem Haus mussten einige gehen. Auch in der Sokolowna, die mein Lieblingsaufenthalt ist, wird heute gefilmt. Man verlangt Leute, die gut gekleidet sind, und man hat nichts zu tun, wie auf der Veranda ein Glas Kirschwasser zu trinken. Aber trotz dieses Lockmittels wollten sich die Teilnehmer nicht finden.[88]

Es ist noch immer nicht abzusehen, wann unser Haus endlich vergast wird. Zuerst kommen die Protektionskinder, die Häuser mit den sogenannten Prominenten daran, dann die Kasernen und erst zum Schluss die Häuser in den Blocks. Ich glaube, es wird Winter werden!

Wir haben gute Bäder. Heisse Douche. Sie sind sehr angenehm, nur fürchte ich mich vor Erkältung, weil man einen kalten Raum nach dem Bad passieren muss.

Mein Lieblingsspaziergang ist jetzt auf das Dach der Kavalierkaserne. Es hat eine riesige Ausdehnung und ist in einen Garten umge-

88 Im Juli 1944, nach der »Verschönerung der Stadt« und dem erfolgreichen Besuch des Internationalen Roten Kreuzes im Juni, wünschte Hans Günther, Leiter des »Zentralamts für die Regelung der Judenfrage in Böhmen und Mähren« in Prag, einen Propagandafilm zu drehen, der Theresienstadt als »Jüdisches Siedlungsgebiet« darstellen sollte. Lagerkommandant Karl Rahm, der für die Filmaufnahmen zuständig war, betraute Kurt Gerron, den ehemaligen jüdischen Berliner Schauspieler und Regisseur, mit der Aufgabe, den Film zu drehen und zu produzieren. Die Abteilung »Fotografie«, die als Teil der Abteilung »Freizeitgestaltung« gegründet wurde, musste passende Schauspieler finden, sie zu den Aufnahmen und den Proben bestellen und dafür sorgen, dass sie in dieser Zeit von ihren üblichen Arbeiten befreit wurden. Die meisten Häftlinge, die dieses Täuschungsmanöver verabscheuten, weigerten sich, an den Aufnahmen teilzunehmen. Erst unter Strafandrohung machten sie widerwillig mit. Schließlich war jedoch niemand bereit, sein Leben und das seiner Familienangehörigen zu gefährden, und alle erschienen am Drehort.

wandelt. Ganz wie die Gärten der Semiramis![89] Von den zahlreichen Bankplätzen geniesst man eine herrliche Aussicht nach dem Lande, das wir nicht betreten dürfen. Denn Gefangene sind wir ja doch.

Gretl würde staunen, was aus mir für eine gute Wäscherin geworden ist. Wir können nämlich nur alle 4–5 Monate Wäsche abgeben und in der Zwischenzeit bekomme ich ab und zu Sonderbewilligung, weil ich arbeite und überaltert bin, wie man hier sagt. Jung ist man nur bis 65! Aus diesem Grund muss ich mir vieles selbst waschen und trockne es dann an der Sonne im Hof und freue mich, dass es von einem Mal zum andern besser geht.

Wir haben viele Kabarettaufführungen bei uns im Hof oder in der Nachbarschaft, das Wetter ist herrlich, hoffentlich hält es lange an, da die meisten Leute im Freien schlafen, um den Wanzen zu entgehen.

23.8.1944

Täglich hoffe ich auf Nachricht von den Kindern. Vergebens! Es kommt überhaupt keine Briefpost an, nur Pakete. Es sind Leute bei uns im Haus, die täglich ein und auch mehrere Pakete bekommen, aber ich bin schon zufrieden mit dem, was ich habe, besonders da auch Mila jetzt sehr oft Sardinen und Südfrüchte bekommt. Mit Brot ist es halt knapp. Ich gebe jede Woche die 6 Deka Margarine, die ich fasse, für Brot her. Heute bekam Hofrat Frei ein Paket mit Brot. Es war verschimmelt und er wollte es wegwerfen. Das gab ich nicht zu. Ich liess es mir von ihm geben und habe es genau untersucht und das Verschimmelte weggeschnitten, so dass ich ca. ¼ retten konnte. So habe ich diesmal etwas mehr Brot, ohne etwas dafür opfern zu müssen. Man warnte mich vor Durchfall, aber so gescheit bin ich auch, zu wissen, ob etwas geniessbar ist oder nicht. Alle 14 Tage muss ich 25 Deka Brot hergeben für das Aufreiben[90] des Zimmers, wenn nämlich die Zimmertour an mir ist. Abgesehen davon, dass ich nicht aufreiben kann, hat es mir auch der Arzt verboten. Jeden 10. Tag muss ich eine Schnitte Brot für Holz opfern, das wir in der Wärmeküche brauchen. Dadurch habe ich das gefasste Essen immer warm und kann mir auch etwas kochen, denn diese Woche z. B. hatten wir 3 Abende hintereinander leeren Kaffee zum Nachtmahl. Wenn man mittags 5 Pellkartof-

89 Die Hängenden Gärten von Semiramis im Irak zählen zu den sieben Weltwundern der Antike.

90 Aufwischen, Putzen

fel bekommen hat (wir bekommen die Kartoffeln nur selten geschält) und eine leere Suppe, die man mit der Sauce ein wenig verbessert beziehungsweise geniessbar macht, muss man sich unbedingt etwas kochen, um nicht zu verhungern. Dank Rudolf Kohn kann ich das tun!

Jetzt schlafe ich im Hausflur, denn mein Schlafen auf dem Gang hat Schule gemacht. Der Verwalter sagte mir, dass er mir nicht erlauben kann, was er andern verbietet. Er hat übrigens Auftrag gegeben, mir einige Bretter als Bett zusammennageln zu lassen, worauf mit grossen Lettern mein Name geschrieben steht, damit es mir nicht »geschleust« wird. Ich schlafe sehr gut, nur ist das tägliche Hinunter- und Hinaufschaffen von Bettzeug und Matratze sehr lästig. Ausserdem muss ich mir sowohl früh als abends eine hilfreiche Seele finden, die mir das Bett durch den grossen Hof in den Hausflur schaffen hilft und wieder zurück. Mila schläft im Hof, das ist an heissen Tagen sehr schön, aber vor einigen Tagen hat sie ein Gewitter erwischt, so dass sie sich mit durchnässtem Bettgewand zu mir flüchten musste. Seither schläft sie bei unsicherem Wetter in meinem Bett, das wir durch das Hinzutragen einer Bank erweitern. Also einfach ist die Sache nicht!

26.8.1944

Die Sirene heult! Das Haustor wird gesperrt, niemand darf auf die Strasse. Da tauchen plötzlich am Himmel – ein noch nie gesehener Anblick – feindliche Flugschiffe auf. Sie kommen von N. O.[91] in elf Geschwadern à 10. Sie fliegen sehr hoch und sehen, von der Mittagssonne grell beleuchtet, wie Sternchen aus. Der Himmel ist klar, kein Wölkchen zeigt sich am Horizont. In S. O.[92] – es soll Pardubitz gewesen sein – geht es nieder wie Raketen. Das sind Bomben, die abgeworfen werden, und ununterbrochen Lärm der Abwehrgeschütze. Nach eineinhalb Stunden verschwindet alles wieder. Entwarnung! Am selben Abend höre ich ein zweijähriges Mäderl zu seinem Vater sagen: »Papa Flugschiffe!«, und sie deutet auf den ausgestirnten Himmel.

1.9.1944

Der Herbst beginnt. Ich zittere vor dem Winter. Wann wird mein Leiden enden? Die Wanzenplage ist entsetzlich. Die Hoffnung auf Vergasung haben wir bereits aufgegeben.

91 Nordost
92 Südost

Die Kinder haben noch immer nicht geschrieben, oder vielmehr, sie haben geschrieben, aber ich bekomme die Post nicht. Ich erhielt im heurigen Jahr nur eine Karte vom Feber und eine vom Mai! Ich muss ununterbrochen daran denken, wie es ihnen geht und ob sie nicht zu leiden haben. Aber ich sorge nichts damit heraus.

Ich bin gesund, schaue sogar ganz gut aus, bis auf das Gewicht, das noch immer 46 kg beträgt. Ausser der Dose Sardinen habe ich auch ein Päckchen mit Erbsenpulver für Suppe bekommen. Dann soll ich vom Gesundheitswesen auch Vitamine bekommen, was die Augen besonders notwendig brauchen. Das Essen ist gut, freilich so wie einstmals ist es nicht, aber daran hat man schon vergessen, und bei dem grossen Hunger schmeckt alles vorzüglich. Leider ist es viel zu wenig und jetzt, wo weder ich noch Mila Päckchen bekommen, sind wir schon bald auf die Fassung angewiesen, das wäre eine Katastrophe. Hoffentlich kommt das nächste Paket von Rudolf bald. Bei jedem Bissen Brot überlege ich mir, ob es nicht Leichtsinn ist, ihn zu essen. Ich habe nur 30 Dk für den Tag, damit kann man bei der schmalen Kost nicht auskommen. Margarine und Zucker sind für mich nur ein Begriff, denn ich bin sie schuldig, noch bevor ich sie fasse! Unser Mittagessen besteht gewöhnlich aus 30 Dk Kartoffeln und einem Schöpfer Sauce. Manchmal leere Suppe, manchmal Kaffee. Also das ist nicht zu viel für 24 Stunden, denn am Abend gibt es abwechselnd Kaffee oder Suppe. Einmal in der Woche bekommen wir etwas Haschee und einmal eine grosse Buchtel mit Crème (gebräunter Zucker mit Margarine), das ist mir am liebsten. Glückliche Menschen, die viele Pakete bekommen und darunter auch Brot, werfen, wenn es ein bisschen verschimmelt ist, das ganze weg. Ich hebe es auf und rette, was davon zu retten ist.

5.10.1944

Seit 11. Mai von den Kindern keine Nachricht mehr, ich bin verzweifelt, umso mehr als von anderer Seite Karten aus Budapest ankommen. Ich kann nicht beschreiben, was für Sorgen ich habe. Inzwischen sind wieder zwei Päckchen mit Sardinen angekommen und – da sie wieder die falsche Adresse L 203 tragen, wie schon einige Male vorher und ich deute, dass es L 223 heissen soll, eine Adresse, die nur Robert kennt – so nehme ich an, dass die Sardinen von den Kindern kommen. Ich habe im Ganzen 5 Päckchen mit dieser Adresse erhalten. Aber eine Postkarte wäre mir lieber. Rudolfs Paket bleibt diesmal lange aus, so dass ich beinahe die Hoffnung aufgebe, dass es noch kommt, das wäre ein Jammer!

Seit Jom Kippur gibt es wieder Transporte. 5000 Männer bis zu 55 Jahren mussten gehen. Am nächsten Tag sandte man ihnen die Frauen nach, das wäre gleichzeitig nicht gegangen! Heute gehen Kriegsbeschädigte. Man kann nur annehmen, dass wir alle von hier fortkommen und dann werde ich von den Kindern überhaupt nichts mehr hören. Man sagt, dass viele Ungarn nach Gänserndorf[93] gekommen seien, aber ich glaube, wenn die Kinder dabei wären, dann hätte ich doch von einem der vielen Verwandten, die Robert in Budapest hat, Nachricht bekommen, oder von meiner Cousine Ada.[94] So hoffe ich noch immer, dass sie in Budapest geblieben sind.

Von dem Rummel und dem Elend durch die letzten Transporte kann man sich keinen Begriff machen. Die Leute werden krank aus den Spitälern geholt. Kleine Kinder von 2 Jahren sind auch dabei.

18.10.1944

Die Transporte dauern an. Jetzt sind die Prominenten an der Reihe, alle, die hohe Stellungen bekleiden und nicht älter sind als 65 Jahre, sind davon betroffen. Man sieht nichts anderes als schwer bepackte Wagen über die Strasse fahren, die selbstverständlich nicht von Tieren, sondern von Menschen gezogen werden. Am 15. Oktober musste auch unser Verwalter mit seiner Frau abgehen. Das war für mich ein grosser Schmerz, denn ich habe diesen guten und unermüdlichen Mann verehrt. In unserem Haus, das schon 430 Insassen gezählt hat, befinden sich momentan nur noch 150. Alles verwaist. Ich habe jetzt viel zu tun, da ich mit Herrn Dannenberg, meinem früheren Bürokollegen, und Frau Haase die Leitung des Hauses übernommen habe. Was dann werden soll, ist noch nicht klar, es heisst, dass die Personenzahl des Ghettos auf 15000 herabgesetzt werden soll. Im nächsten Transport sollen die Siechen darankommen, die auf Tragbahren weggeschafft werden. Es ist ein nicht auszudenkendes Elend!

Von Rudolf kam ein grosses Paket, wieder 20 kg. Ich bin ihm sehr dankbar. Jetzt habe ich wieder zu essen. Auch Sardinen sind wieder gekommen. Im Ganzen erhielt ich bis jetzt 9 Pakete aus Lissabon. Aber jetzt ist der Weg aus Lissabon gesperrt.

93 Gänserndorf ist eine Stadt in Niederösterreich, 20 km nordöstlich von Wien.

94 Ada Freund war eine Cousine von Camilla Hirsch.

Wenn ich nur schon von den Kindern Nachricht hätte! Am 22. werden es 5 Jahre, dass wir uns nicht gesehen haben. So wird man um das einzige Glück bestohlen, das man im Alter hat. Es ist mir schon bestimmt, im Oktober etwas Liebes zu verlieren: erst den Bruder, dann die Kinder und jetzt den Verwalter.

1.11.1944

Die Stadt ist verödet. Im Ganzen dürften noch ca. 12000 Personen hier wohnen. In unserem Hause sind es nur noch 112. Ich habe mit der Leitung des Hauses viel zu tun und werde auch in der Nacht geweckt, weil es in Theresienstadt so eingerichtet ist, dass wichtige und auch unwichtige Meldungen fast immer in der Nacht kommen. Warum, weiss man nicht. Aber man bekommt es wenigstens bezahlt! Ich erhielt für Nachtarbeit bei der Volkszählung 1 kg Kartoffel und eine Dose Leberpastete, für Nachtarbeit bei den Transporten 1 kg Kartoffel, Marmelade und etwas Wurst. Da ist man froh damit.

Die Aemter sind verödet, wo man hinkommt, findet man keinen Menschen, da alles mit den Transporten fortgekommen ist. Vom Aeltestenrat angefangen bis hinunter. Auch die Feuerwehr haben sie weggeschickt, bis auf den Obersten, der soll sich neue Leute abrichten. Wenn er nur welche findet! In unserem Hause sind 6 Männer unter 65 Jahre, die übrigen 19 sind alt und krank. Von den 87 Frauen wollen die wenigsten arbeiten, so dass es ein schweres Auskommen ist.

Das Wetter ist elend. Gestern hat es den ganzen Tag gegossen. Heute weht ein scharfer Wind.

Von den Kindern habe ich noch immer keine Nachricht und bin verzweifelt darüber.

Soeben wurden sämtliche Frauen im Hause geholt, um Urnen zu tragen.[95] Ich bin von solchen Dingen befreit.

Es soll wieder alles ins alte Geleise kommen, und die Transporte sollen vorläufig vorüber sein. Auch das Kaffeehaus soll wieder ge-

95 Anfang November 1944 ordnete die Lagerkommandatur an, die Asche derer fortzuschaffen, die nach September 1942 verstorben und deren Leichen im Krematorium verbrannt worden waren. Bis dahin war die Asche der Toten in namentlich gekennzeichneten Urnen im sogenannten Kolumbarium aufbewahrt worden. Vier Tage lang wurde eine menschliche Kette aus 200 Kindern und alten Frauen aufgestellt, die die Urnen von Hand zu Hand reichten. Dann wurden die Urnen auf Lastwagen aufgeladen und letztendlich von Ghettohäftlingen in die Elbe geworfen.

öffnet werden. Aber wer hat schon Lust dazu, sich ins Kaffeehaus zu setzen. Gestern haben 2 kleine Jungen einen Wagen mit zwei Pferden geführt und sind so unvorsichtig gefahren, dass ein Fass Senf auf den Boden gekollert ist. Die Leute haben den Senf von der Strasse aufgeschöpft, soweit sie Gefässe bei sich hatten. Ausser diesen zwei Pferden gibt es hier auch noch ein Ochsengespann. Sonst habe ich hier noch kein Tier gesehen, weder einen Hund noch eine Katze. Das ist typisch für Theresienstadt.

6.11.1944

Das Urnentragen dauert an, und zwar stehen die Leute immer einen halben Meter voneinander entfernt und schupfen[96] die Urnen, die im Krematorium aufbewahrt waren, weiter. Eine Frau hat mir erzählt, dass sie die Urne ihres Mannes einen Augenblick in den Händen gehalten hat. Entsetzlich. Was mit den ca. 5000 Urnen geschehen ist, weiss man nicht. Nach einer Version sollen sie in die Elbe geworfen worden sein. Warum? Wollen die Deutschen damit verhindern, dass man einmal erfährt, wie viele Tote es in Theresienstadt gegeben hat? Aber dass sie die letzten Transporte zu vertuschen suchen, ist bestimmt, denn jede Hauskanzlei und jedes Amt hat den Auftrag bekommen, alles Schriftliche bis zum 28.10.44 zu vernichten. Dies ist der Tag des allerletzten Transportes.

96 werfen

1945

1.1.1945

Neujahr! Ich hätte nicht gedacht, dass ich diesen Tag noch in Theresienstadt werde verbringen müssen, und dabei muss man glücklich sein, wenn man hier bleiben kann und bei diesem Frostwetter nicht verschickt wird. Wie furchtbar die Menschen leiden, die jetzt mit Transporten wieder hier ankommen, ersieht man daraus, dass vom letzten Transport 27 erfroren waren. Wir haben jetzt 20–24° unter Null und ich habe auch schon meinen Katarrh. Der bleibt mir treu. Da nützt kein Schonen, es ist leider chronisch. »Nach dem Süden kann ich Sie nicht schicken«, meint der Arzt. Wer denkt an den Süden!

Von den Kindern ohne Nachricht. Ich bin verzweifelt. Ich hoffe nur, dass sie das Glück gehabt haben, in Budapest zu bleiben. Ob sie meine Nachrichten bekommen haben, weiss ich natürlich auch nicht.

Diese Woche habe ich ein Paket aus Schweden bekommen mit Trockenmilch, Speck, Zucker und Knäckebrot. Es kommt, wie mir meine Freundin Trebitsch aus Stockholm mitteilte, von einer Vereinigung zur Hilfe der Juden. An Rudolf habe ich wieder einen Zulassungsschein schicken dürfen. Ich kann gar nicht sagen, wie dankbar ich ihm bin. Ohne seine Hilfe wäre ich schon längst verhungert. Von den Paketen, die an Leute ankommen, die nicht mehr hier sind, bekommen jetzt die Überalterten einen Teil. Ich habe im vorigen Monat etwas bekommen und soll jetzt wieder ein Päckchen erhalten.

Dannenberg, mein ehemaliger Untergebener, ist zum Hausältesten ernannt worden. Ich konnte es nicht werden, weil ich überaltert bin. Aber man hat schliesslich nur die Arbeit daran und die Verantwortung. Das einzige Wertvolle ist die eigene Wohnung. Ich führe die Kanzlei allein. Allerdings ist nicht mehr so viel zu tun wie früher, denn wir sind jetzt nur noch 88 Personen im Haus. Es ist noch nicht bestimmt, ob uns das Haus bleibt oder ob es für andere Zwecke verwendet werden soll, wie es sich herumspricht. Ein Zeichen dafür wäre, dass niemand bei uns eingesiedelt wird, während nach und nach die Leute im Hause Übersiedlungsbefehle bekommen. Aber ich mache mir keine vorzeitigen Sorgen. Endlich einmal muss doch auch Schluss mit dem Krieg werden.

Heute, am 1.1., hat die Kommandatur den Juden frei gegeben. Seit den 30 Monaten, die ich hier bin, der zweite freie Tag! Weder ein Samstag noch ein Sonntag ist hier frei. Hier gibt es weder Ostern noch Pfingsten noch Weihnachten. Auch am jüdischen Neujahrstag und am Langen Tag[97] muss gearbeitet werden. Am ärgsten sind die Leute daran, die in der Produktion arbeiten, 8 bis 10 Stunden hintereinander, ohne Unterbrechung. Es geht schichtenweise, 3 Tage von 6 Uhr früh bis 2 Uhr Mittag, 3 Tage von 2 Uhr Mittag bis 10 Uhr nachts. So dass jeden 6. Tag die Frauen, die Glimmer[98] arbeiten, um 11 Uhr nachts zu Bett gehen und um 5 Uhr früh wieder aufstehen müssen. Da sie auf diese Weise aber nur 8 Stunden anstatt 10 Stunden arbeiten, werden ihnen täglich vom freien Vor- oder Nachmittag zwei Stunden genommen, wo sie für irgendeinen Dienst verwendet werden. Ich denke oft, die Sklaven in Onkel Tom's Hütte hatten es besser![99]

Ich gebe nachstehend ein Gedicht wieder, das Dr. Leo Strauss[100] über Theresienstadt geschrieben hat.

97 Gemeint ist Jom Kippur, der jüdische Versöhnungstag, an dem lange Bittgottesdienste abgehalten werden und 25 Stunden lang gefastet wird.

98 Im September 1944 wurde in Theresienstadt eine Glimmerspalterei eingerichtet. Das in dünne Plättchen gespaltene Mineral wurde als Isolator für elektrische Geräte verwendet.

99 Die umfangreichen Deportationen verringerten die Anzahl der Juden im Ghetto erheblich. Am 31. Oktober 1944 zählten sie nur noch 11.068 Personen. Unter ihnen waren 819 Kinder, 4.064 alte Menschen, 4.543 Frauen und 1.642 Männer. Von den Männern waren nur 400 in der Lage, technische Aufgaben auszuführen. Nun war das Ghetto hauptsächlich ein Frauenghetto (70,5 % Frauen gegenüber 29,5 % Männer) und ein Altersghetto. Aufgrund des seit November 1944 großen Mangels an Personal wurde die 70-Stunden-Woche eingeführt – ohne einen freien Tag in der Woche. Frauen, die von morgens bis abends arbeiteten, erledigten den größten Teil der Arbeit. Auch alte Menschen und Kinder über zehn Jahre waren arbeitspflichtig.

100 Dr. Leopold (Leo) Straus, Sohn des Komponisten Oscar Straus, wurde am 21. Januar 1897 in Teplice geboren. Er war Schriftsteller, Dichter und Satiriker. Zusammen mit seiner Frau, der Sängerin Mira Straus, geb. Grünberg, leitete er in Wien ein Kabarett. Leo und seine Frau wurden am 2. Oktober 1942 von Wien nach Theresienstadt deportiert. Im Ghetto schrieb Leo Straus Gedichte und rief ein Kabarett ins Leben, das er »Straus' literarisches Varieté« nannte. Leo und Mira Straus wurden am 12. Oktober 1944 nach Auschwitz-Birkenau verlegt, wo beide starben.

»Als Ob«

Ich kenn ein kleines Städtchen,
Ein Städtchen ganz tipp topp,
Ich nenn es nicht beim Namen,
Ich mein die Stadt »Als Ob«.

Nicht alle Leute kommen
In diese Stadt hinein,
Es müssen Auserwählte,
Als ob von Rasse sein.

Sie leben dort ihr Leben,
Als ob's ein Leben wär,
Sie freu'n sich an Gerüchten,
Als ob es Wahrheit wär'!

Die Menschen auf der Strasse,
Sie laufen im Galopp,
Wenn man auch nichts zu tun hat,
So tut man doch als ob!

Es gibt auch ein Kaffeehaus,
Gleich dem Café Europe,
Und bei Musik und Zeitung,
Fühlt man sich da als ob!

Und mancher ist auch manchmal
Mit manchen ziemlich grob,
Daheim war er kein Grosser,
Er tut nur so als ob!

Des Morgens und des Abends
Trinkt man »als ob« Kaffee,
Am Sonntag, ja am Sonntag,
Da gibt's »als ob« Haschee.

Man stellt sich an um Suppe,
Als ob etwas darin –

Und man geniesst die Dorsche,
Als ob's wär Vitamin!

Man legt sich auf den Boden,
Als ob es wär ein Bett,
Und denkt an seine Lieben,
Als ob man Nachricht hätt!
Man trägt das schwere Schicksal,
Als ob es nicht so schwer,
Und spricht von schöner Zukunft,
Als ob's schon morgen wär'!

Dr. Leo Strauss wurde beim letzten Transport deportiert, er ist der Sohn des »Walzertraum«-Komponisten Oskar Strauss.

19.1.1945

Die Aussiedlungen bei uns haben begonnen. Täglich gehen einige Leute von uns fort. Das ganze Haus wird entleert und dafür kommen alle Maurerarbeiter mit ihren Familien herein. Selbstverständlich müssen diese Umsiedlungen im strengsten Winter vorgenommen werden, es hätte gar nicht Zeit gehabt, bis es ein wenig wärmer wird. Alles ist verzweifelt. Unsere alten Einwohner wollen nicht hinaus, die andern wollen nicht herein. Aber es muss eben alles geschlichtet und geordnet werden, wie in einer Schachtel. Alle das gleiche Arbeitende kommen zusammen in eine Ubikation, die Nichtarbeiter in eine andere. Bei uns im Haus verbleiben von den Alten nur der Hausälteste und der Hausdienst, zu dem auch ich gehöre. Ich muss also nicht übersiedeln, was mir im Augenblick sehr angenehm ist. Dagegen soll das Haus jetzt ausgeblasen werden, und da müssen wir natürlich für einige Tage hinaus. Ich fürchte mich schon jetzt davor, denn ich habe sehr starken Husten, der von diesen Exkursionen nicht besser werden wird. Gestern habe ich mir meine Wäsche abgeholt und sie nach Hause gebracht, es ist ein Weg von kaum 20 Minuten, aber ich bin mehr tot als lebendig zu Hause angekommen, da ich ununterbrochen Hustenanfälle hatte.

Von den Kindern habe ich weiter keine Nachricht und gebe die Hoffnung auf, noch vor Kriegsende etwas von ihnen zu hören. Es ist fürchterlich, weil ich nicht weiss, was mit ihnen ist, ob sie überhaupt noch in Budapest sind oder wo sonst! Und wie es ihnen geht. Wann endlich werden die Friedensglocken läuten? Wir würden sie aber nicht hören, denn in Theresienstadt gibt es keine Glocke. Kein 12-Uhr-Läuten, nichts! Es wird mir alles fremd vorkommen, wenn ich einmal aus der Gefangenschaft erlöst sein werde.

30.1.1945

Vor einer Woche sass ich, nichts Böses ahnend, in der Kanzlei, da hörte ich Getrampel vor der Tür und Gejohle vom Hof her. Über ein Dutzend Männer und Frauen waren gekommen, um die Betten aus sämtlichen Zimmern abzutragen. »Auch aus den noch bewohnten Zimmern?«, fragte ich. »Auch aus den bewohnten.« Da kann man nichts machen, als schnell seine Sachen zusammenpacken, denn all unser Besitz ist in den Betten verstaut. Die Türen werden aufgerissen, die Betten vom ersten Stock durch die Fenster in den Hof geworfen, wobei eine Menge Fensterscheiben zerschlagen werden. Es sind weit über 100 Betten. Im Hof grosses Gejohle unter den behosten Frauenzimmern, die sie auf den Wagen laden. Der Luftzug und die Kälte auf dem Gang bei 14° unter Null werden durch die zerbrochenen Scheiben noch ärger. Dann wird der Wagen von den Männern gezogen, während rückwärts die Frauen antauchen.[101] Sie müssen noch ein zweites und drittes Mal kommen, so viel Holz ist da.

In der Nacht schlafen wir zur Abwechslung wieder einmal auf dem Fussboden mit je zwei Matratzen untergelegt. Von der Kälte und Aufregung werde ich krank, bekomme zu meinem Katarrh noch Interitis. Was es heisst, im Winter bei Tag und bei Nacht unzählige Male auf den Gang hinauszulaufen, kann man sich vorstellen. Noch dazu, wo jetzt fast sämtliche Fensterscheiben kaputt sind. Der Arzt setzt mich auf Hungerkost. Nur trockene Kartoffel und Tee. Drei Tage bleibe ich im Bett auf dem Fussboden, im ungeheizten Zimmer, denn es ist niemand mehr da, der Holz zerkleinern kann, da die Insassen bereits übersiedeln mussten. Dann übersiedle ich in das für den Hausdienst bestimmte Zimmer. Während im oberen Stockwerk im gleichen Zimmer jetzt nur 5 Männer wohnen, sind wir zu ebener Erde in einem ehemaligen Gassenlokal mit Steinboden 11 Frauen. Alle neuen Inwohner richten es sich so bequem wie möglich ein, bekommen anständige Einzelbetten, dabei schimpfen sie und sind unzufrieden. Überall sind die Stockbetten abrasiert, nur ausgerechnet in unserem

101 anschieben

Zimmer sind sie geblieben. Für den Hausdienst gut genug! Empörend! Man kann sich solche Zurücksetzung nicht bieten lassen. Ich bin fest entschlossen, sobald ich wieder gesund bin, den Hausdienst und somit die Kanzlei an den Nagel zu hängen und in die Dresdner Kaserne zu übersiedeln, wo auch Mila sich jetzt befindet. Wir mussten uns trennen, denn sie gehörte nicht zum Hausdienst. Leider ist in dem Zimmer, in welchem sie wohnt, kein Platz mehr für mich vorhanden.

31.1.1945

Grosse Diebstähle von Lebensmitteln wurden entdeckt, man sucht die Täter. Inzwischen werden uns armen Unschuldigen alle Zubussen aus den herrenlosen Paketen gekündigt. Ausserdem wurden Zigaretten ins Ghetto geschmuggelt, und man drohte der Inwohnerschaft von Theresienstadt mit Lichtsperre, Kohlenentzug und Essensverkürzung, wenn sich der Täter nicht findet. Einer dieser Unglücklichen ist vom 2. Stock heruntergesprungen und tot, der zweite wurde halbtot geprügelt. Was sie mit dem Arier getan haben (ein Invalide, der sich selbst gestellt hat), ist uns nicht bekannt. Wahrscheinlich lebt er nicht mehr.[102] Ich bin gesund und trete morgen wieder meine Kanzleitätigkeit an.

102 Trotz der vielen Deportationen aus Theresienstadt im Oktober 1944 gab die SS-Kommandatur weiterhin einen Bestand von 30.000 Ghettoinsassen an, so dass bis Ende 1944 größere Mengen an Nahrungsmitteln im Ghetto eintrafen und sich die Essensvorräte in den Lagerhäusern stapelten. Ein Mangel an ausgebildeten Wächtern löste eine Einbruchswelle aus. Es bestand die Gefahr, dass die Nahrungsmittel gegen Zigaretten und Alkohol aus dem Ghetto geschmuggelt würden. Der Besitz und der Handel von Zigaretten und Alkohol galten bei den Deutschen als schwere Straftat. Nach einem der Einbrüche berief der Judenälteste, Dr. Benjamin Murmelstein, alle Verantwortlichen ein und warnte sie, dass bei jedem weiteren Einbruch einer von ihnen festgenommen werde und so lange als verantwortlich für den Einbruch gelte, bis er selbst den Straftäter gefasst habe. Diese Drohung reichte aus, um jeden weiteren Diebstahl in Theresienstadt zu verhindern. Im Januar 1945 entdeckte der SS-Mann Rudolf Haindl Zigaretten in der Glaserwerkstatt und ließ den Glasermeister Taussig festnehmen. Bei seiner harten Vernehmung in der Lagerkommandatur im Januar 1945 gab Taussig die Namen von fünfzehn Personen preis, die am Zigarettenschmuggel beteiligt gewesen waren und sofort verhaftet wurden. Gleichzeitig verhängte der Lagerkommandant Kollektivstrafen: Freizeitaktivitäten wurden gestrichen, die Kaffeehäuser geschlossen und die zusätzliche Essensverteilung aus den Paketen eingestellt. Taussig war sich des Ausmaßes des Unglücks, das er verschuldet hatte, bewusst. Aus diesem Grund und aus Angst vor seinem weiteren Schicksal nahm er sich während der Inhaftierung das Leben.

8.2.1945

Ein Wunder ist geschehen! Ich bin in der Schweiz![103]

Samstag, den 3. Feber, schwirrt plötzlich ein Gerücht durch die Luft. 1200 Personen sollen in die Schweiz kommen. Selbstverständlich glaubt man es nicht, hält es wieder für einen Schwindel der Deutschen, neue Transporte ins Elend zu schicken. Um 3 Uhr nachts werden wir geweckt, der Hausälteste teilt mit, dass ich und noch 3 Frauen uns sofort ins Amtshaus begeben sollen, um mitzuteilen, ob wir freiwillig in die Schweiz gehen wollen. Die anderen drei Frauen stehen auf und machen sich bereit, ich aber, in meiner Angst vor noch grösserer Erkältung, erkläre: »Ich hol' mir nicht den Tod!«, und schlafe weiter. Ich habe von der Sache nichts gehalten, besonders, da bereits einige, die um 11 Uhr nachts hingeschickt worden waren, die Erklärung abgaben, dass sie nicht fahren wollen.

Um 5 Uhr kamen die 3 Frauen zurück, es sind Frau Folkenfalk, Frau Hause und Frau Benesch.[104] Sie erzählten, dass sie sich lange nicht entschliessen konnten, »Ja« zu sagen, erst als sie sahen, dass neue Kennkarten ausgestellt wurden, haben sie es riskiert und sich zur Abreise gemeldet. Mila war auch dort und hat sich angemeldet. Jetzt fing ich an zu bedauern, dass ich nicht mitgegangen war, aber Frau Hause meinte, ich könnte das noch nachholen, es wären noch genug Leute hinter ihnen gekommen. Ich kleide mich an und tappe mich allein im

103 Am 5. Februar 1945 verließ ein Zug mit 1.200 aus dem Ghetto befreiten Juden Theresienstadt. Die Befreiung galt als Heinrich Himmlers »Geste des guten Willens« nach ausgiebigen Verhandlungen mit Dr. Jean-Marie Musy, dem ehemaligen Schweizer Bundespräsidenten. Musy führte im Namen von Rabbiner Isaac Sternbuch, dem Repräsentanten des »Rettungskomitees« von »Agudat Israel« und der »Union of Orthodox Rabbis of the United States and Canada« Vermittlungsgespräche in der Schweiz. 3.100 Häftlinge waren für die Befreiung vorgesehen. Von ihnen füllten 1.900 die notwendigen Formulare aus. Aus den 1.900 Juden wählte Hans Günther, Leiter des »Zentralamts für die Regelung der Judenfrage in Böhmen und Mähren« in Prag, 1.000 und Lagerkommandant Karl Rahm weitere 200 Personen aus, die seiner Meinung nach für die Befreiung geeignet waren. Intellektuelle und Hochrangige, die als zuverlässige Informationsquelle das wahre Geschehen in Theresienstadt hätten preisgeben können, wurden abgelehnt. Die meisten Ausgewählten waren Frauen aus Deutschland, Österreich und Holland sowie Minderheiten aus den Protektoraten, die keine Angehörigen hatten.

104 Von den genannten Frauen ist nur bekannt, dass Basia Folkenfalk am 12. Januar 1877 und Paula Hause am 30. Juli 1877 geboren wurde. Über Frau Benesch war nichts in Erfahrung zu bringen.

Dunkeln hin. Nach dreistündigem Warten gab ich meine Erklärung ab, in die Schweiz gehen zu wollen. Ein grosser Teil der Leute hielt es für Betrug und sagte »Nein!«.

Nach endlosen Mühen, ich war von früh bis Abend auf den Beinen, darunter wartete ich 3 Stunden in der Kommandatur, war alles erledigt, und ich hatte nur noch die Erlaubnis der Kommandatur zur Abreise abzuwarten. Um 11 Uhr nachts erhielten die genannten drei Damen ihre Ausreise, begannen zu packen und gingen in die Schleuse. Ich hatte noch nichts in der Hand, packte aber auf jeden Fall, und glücklich um 3 Uhr nachts kam meine Bewilligung. Die Hälfte meines Besitzes musste ich zurücklassen, da nur ein Koffer und Handgepäck gestattet waren. Bettzeug mitzunehmen war verboten. Um 5 Uhr sollte ich in der Schleuse sein, da die Einwaggonierung um diese Zeit beginnen sollte.

Mit unsäglicher Mühe unter Hilfe von zwei Kolleginnen und einem Kinderwagen brachte ich mein Gepäck in die Schleuse. Ich hatte zwei Kleider angezogen und zwei Mäntel und konnte mich kaum bewegen. Hier sass ich bis vier Uhr in eiskaltem Raume, den der Spektakel ringsherum nicht gemütlicher machte, bevor einwaggoniert wurde. Inzwischen brachte mir der Hausälteste die Nachricht, dass das so lange erwartete Paket von Rudolf angekommen sei. 20 Kilo. Was sollte ich damit beginnen. Wer sollte das schleppen. Ich schenkte es meinem Hausältesten, der die Zuführung in die Schleuse veranlasste, und behielt mir nur eine Rolle Käse. Alles andere war für mich wertlos geworden.

Mit Hilfe einer Ordnerin brachte ich mein Gepäck unter tausend Qualen an den Zug. Dort standen die Deutschen und verlangten Eile. Zwei Männer hoben, vielmehr warfen mich in den Waggon, daher entfielen mir sämtliche Gepäckstücke und ich durfte mich nicht danach bücken. Alles kommt nach! Mit meinem Stock und dem Esspaket, das jeder für die Reise mitbekommen hatte, sass ich im Wagen. Alles war fort. Als es Wasser gab, musste ich mir ein Glas zum Trinken ausborgen. Übrigens wurden wir sehr anständig versorgt. Jeder erhielt 4 kg Brot, Weissgebäck, Margarine, Wurst, eine Dose Leberpastete, eine halbe Dose Orangenmarmelade, eine halbe Dose Ovomaltine, Vitamine, Seife und Klosettpapier. Spät abends ging der Zug ab.

Zwei Waisenkinder, ungefähr 4 bis 5 Jahre alt, waren in unser Coupé gesetzt worden. Sehr kluge Kinder, denen das ungewohnte Neue gefiel. Doch als es finster wurde – Licht wurde nicht angezündet –, begannen sie zu weinen. Das eine Kind schlief bald ein, doch das andere jammerte die ganze Nacht. »Frau Weimar! Frau Weimar! Tante Selma! Wo ist der Onkel? Ich hab kein Kissen. Wo ist mein Betterl? Die Kinder, ich will die Kinder! Da stimmt etwas nicht!« Ein freundlicher Herr, Holländer, nahm das Kind auf den Schoss und hielt es die ganze Nacht. Ich suchte das Kind zu beruhigen, indem ich ihm bei der Ankunft Äpfel in Aussicht stellte. »Du lügst!« Nach dieser freundlichen Antwort auf meine Tröstungen schlief ich ein. Als ich im Halbdunkel erwachte, waren wir in Eger. Nach langem Suchen fand ich drei von meinen Gepäckstücken und auch meine Dokumente, worüber ich glücklich war. Wir fuhren durch Deutschland. Nichts als zerschossene Städte bekamen wir zu sehen. Der Nürnberger Bahnhof ist vollständig abrasiert.

Zum Überfluss war der Waggon, in dem ich mich befand, heissgelaufen und ich musste in einen andern steigen, was wieder unsägliche Mühe machte. Mila habe ich nicht mehr gesehen, sie war in einem andern Koupé untergebracht.

Am Abend langten wir an der Schweizer Grenze an. Der Durst hatte uns den ganzen Tag geplagt, so dass ich nichts essen konnte. 3- bis 4-mal bekamen wir einen Tropfen Wasser. Zum Händewaschen reichte es nicht. Wir bekamen jetzt wieder Wasser, mussten aber im Zug übernachten. Am nächsten Tag zwischen 7 und 8 Uhr fuhren wir über die Grenze, nachdem wir vorher die Judensterne, die wir zu tragen gezwungen waren, von unseren Kleidern abtrennten. Als ich auf Schweizer Boden anlangte und wir die Deutschen hinter uns liessen, habe ich bitterlich geweint.

Wir wurden mit grosser Sympathie empfangen, erhielten von den Soldaten Äpfel und Zigaretten. Dann stiegen wir in einen Schweizer Zug um, wobei man uns die grösste Hilfe leistete. Inzwischen war es spät am Nachmittag geworden. Man brachte uns Brot und heisse Suppe. Das tat wohl. Wir hatten drei Tage keinen warmen Bissen gegessen. Unser Reiseziel war St. Gallen. Auf dem Weg zum Schulhaus, wo wir untergebracht wurden, trug mir ein freundlicher Knabe meine Sachen.

Wir liegen auf der Streu und sollen 4–5 Tage hier bleiben, bis wir gesäubert und »entwanzt« sind, dann geht es auf einen Erholungsort. Wir sind wunderbar verpflegt und ich bekomme im Tag mehr Aepfel, als ich in den letzten sechs Jahren gesehen habe. Zum Nachtmahl bekommen wir Suppe, Käse und Äpfel. Heute zum Frühstück eine grosse Schale Kakao, Brot und Marmelade.

Trotz meines eifrigen Suchens kann ich weder Mila noch andere Bekannte finden. Es ist, als ob das Haus sie verschluckt hätte. Ich warte nun, bis die Listen ausgegeben sind, damit ich weiss, in welchem Zimmer sie zu finden sind. Was wohl die Kinder zu dem Glück sagen würden, das mir geworden ist? Die Kinder sind meine einzige Sorge in diesem Augenblick. Ein Herr sagte mir, dass auch Ungarn in der Schweiz seien. Ich wage nicht zu hoffen, dass die Kinder darunter sind.

Noch etwas möchte ich erwähnen: Wir waren 36 Stunden im ungeheizten Waggon. Erst vor der Schweizer Grenze, knapp bevor wir hinüberfuhren, wurde der Waggon geheizt. Ausserdem warnte man uns, keine Greuelmärchen von Theresienstadt zu erzählen, da man sonst keine weiteren Transporte in die Schweiz bewilligen würde.

9.2.1945

Ein Teil der Flüchtlinge, meist Holländer, ist heute bereits in die Entwesung gegangen. Ich komme wahrscheinlich morgen oder Montag daran. Ich fühle mich wie im Himmel. Zentralheizung, kein Frost und Kälte mehr und ein ausserordentlich gutes Essen, ausserdem bekommen wir Zeitungen, jeden Augenblick Aepfel und die Herren auch Zigaretten. Heute Mittag gab es Knackwurst, das habe ich seit 3 Jahren nicht gegessen.

Mila ist in einem andern Haus untergebracht. Ich hoffe, dass wir wieder zusammenkommen werden, denn ich fühle mich sehr allein, hauptsächlich, weil im Zimmer fast lauter Holländer sind und mich die fremde, nicht sehr schön klingende Sprache nervös macht. Aber was ist das gegen die Leiden, die ich ausgestanden habe! Ich kann an das Glück, das mir widerfahren ist, noch gar nicht recht glauben.

Die Soldaten und die Rot-Kreuz-Schwestern sind so lieb und freundlich zu uns, und auch in der Zeitung stehen lange Berichte über unsere Ankunft.

12.2.1945

Vorgestern wurden wir entwanzt; das heisst, wir nahmen ein Bad und die Kleider und sonstigen Habseligkeiten wurden gereinigt. Gestern sind wir nach achtstündiger Fahrt in Les Avants bei Montreux angekommen. Wir sind hier in Quarantaine, leben in einem eleganten Hotel mit jeder Bequemlichkeit. Es ist wie ein Traum. Die Aussicht von meinem Balkon ist das Herrlichste, was man sich denken kann. Wir sind hoch oben am Berg und zu unsern Füssen sehen wir den Genfersee und das ihn umsäumende Gebirge. Wir bewohnen das elegante grosse Zimmer zu fünft. Mila, Frau Folkenfalk, Hause und Hahn sind meine angenehmen Zimmerkollegen. Die Menschen sind sehr lieb mit uns. Man hat mir wieder geholfen, meine Sachen vom Bahnhof ins Hotel zu tragen, und von Fremden wurden mir Käse, Bonbons und Zwieback geschenkt. Es ist alles wie ein Traum, was ich in der letzten Zeit erlebt habe.

Heute schrieb ich an Siegfried und Robert und auch an Ada. Wenn ich von den Kindern gute Nachrichten hätte, wäre mein Glück vollständig.

13.2.1945

Heute habe ich nochmals an Siegfried einen ausführlichen Brief geschrieben und hoffe auf baldige Antwort. Ebenso schrieb ich an Dr. Ullmann in Genf, der mir die drei Schachteln Sardinen geschickt hat. Über Budapest habe ich keine guten Nachrichten. Ich sprach einen Herrn aus Ungarn und er sagte mir, wenn sich Robert keinen Schutzpass verschaffen konnte, wurde er deportiert. Ich kann nur hoffen, dass die Kinder so geschickt waren, sich zu retten. Es ist furchtbar, so ganz ohne Nachricht zu sein, Ungewissheit ist das Ärgste. Wäre nicht die Sorge um die Kinder, ginge es mir himmlisch. Gut zu essen, ein gutes Bett, ein reines Zimmer, lauter Novitäten für mich. Wir bleiben hier drei Wochen in Quarantaine, was weiter mit uns geschieht, weiss ich noch nicht.

17.2.1945

Meine Briefe nach Budapest habe ich zurückbekommen, weil es Kriegsgebiet ist. Budapest ist bereits in den Händen der Russen. Wo meine Kinder sind, weiss der Himmel! An Hans Müller[105] habe ich geschrieben und hoffe, dass ich von der einen oder andern Seite eine Kleinigkeit bekommen werde, denn ich besitze nicht einmal das Geld für ein Briefkuvert, noch weniger für eine Marke. Vorläufig werden

105 Hans Müller-Einigen (1882–1950) war ein österreichischer Schriftsteller, Dramatiker und Regisseur, der ab 1930 in der Schweiz lebte. Sein jüngerer Bruder war der Schriftsteller und Regisseur Ernst Lothar.

unsere Briefe von der Flüchtlingshilfe frankiert. Gestern erhielt ich einen Brief aus St. Gallen, in welchem mich ein Herr Sprinzeles anfrägt, ob ich eine Verwandte bin. Ich habe ihm sofort geantwortet, dass es sich um eine Namensgleichheit handelt, dass ich aber nicht böse wäre, wenn er mich als seine Verwandte betrachten würde. Heute habe ich einen grossen Fragebogen ausgefüllt über unsere Ausreisemöglichkeiten. Ich hoffe, dass ich zu Siegfried kommen werde, aber ohne die Kinder noch einmal im Leben zu sehen, wäre es mir schrecklich. Aber wie sie sehen, wenn sie nicht in die Schweiz hinein können und ich nur hinaus, um auszuwandern? Aber es kommt ja immer anders, als man denkt, das habe ich jetzt so oft erfahren. Vielleicht gibt es auch bei mir ein Happy End?

Gestern habe ich von der Fürsorge ein Paar Schuhe bekommen. Heute soll unser Gepäck ankommen. Einen grossen Teil meiner Sachen habe ich in Theresienstadt zurücklassen müssen, den ich jetzt brauchen würde, z. B. Bettzeug, und gerade das mitzunehmen, war verboten!

Es herrscht jetzt allgemein Interitis durch die Veränderung der Kost. Ich zittere sehr davor, denn es ist eine entsetzliche Krankheit.

18.2.1945

Hans Müller hat mir einen reizenden Brief geschrieben und mir für 3 Francs[106] Briefmarken gesandt. Ich habe mich sehr darüber gefreut und ihm heute einen ausführlichen Brief geschrieben. Er ist sehr krank.

20.2.1945

Wir haben Taschengeld bekommen, 4 frs. Im Ganzen sollen wir 10 frs monatlich bekommen. Ich habe mir Tinte und Feder gekauft, Käse und etwas zum Naschen. Das übrige Geld hebe ich für Briefporto auf. Heute sind wir registriert worden von der Polizei, weil wir Pässe bekommen. Mein Gepäck habe ich noch immer nicht zur Gänze bekommen. Es fehlen mir Decke und Pölster, auch mein Esszeug. Hoffentlich sind die Sachen nicht verloren gegangen.

106 Franc suisse (Schweizer Franken); im Folgenden von Camilla Hirsch mit der Abkürzung »frs« verwendet.

28.2.1945

Hans Müller hat mir sein neues Buch geschickt, »Schnupf, Geschichte einer Freundschaft«, mit einer schönen Widmung. Das hat mich sehr gefreut. Herr Sprinzeles aus St. Gallen hat mir für meine Information einen reizenden Brief geschrieben und mir 5 frs geschickt. Ich kann sie brauchen.

2.3.1945

Ich hatte heute eine grosse Freude. Else Heichler hat mir aus New York telegraphiert mit bezahlter Drahtantwort: »Happy knowing you saved«. Sie hat meinen Namen in der Liste der Geretteten aus Theresienstadt gelesen. Ich kann es nicht verstehen, dass Siegfried mir kein Lebenszeichen gibt, in Haifa muss man doch auch etwas gehört haben. Wir wurden heute photographiert für Passbilder.

7.3.1945

Ich habe einen herrlichen Spaziergang gemacht, bis fast hinunter nach Montreux. Unsere Quarantaine ist zu Ende. Dann ging ich ins Kaffeehaus und trank Kaffee. Erst später sah ich, dass Bier zu haben war. Meine Sehnsucht seit Jahren. Ich nahm mir vor, am nächsten Tag das Bier zu trinken, aber seither schneit es unentwegt. Die herrlichste Schneelandschaft, die man sich denken kann, aber die Wege sind fast ungangbar. Es ist auch sehr kalt. Nur in den Gesellschaftsräumen, wo Öfen stehen, kann geheizt werden, weil keine Kohlen für Zentralheizung da sind.

Der Kommandant hat uns mit einem Film überrascht, dem ca. 700 Personen beiwohnten. Seit 1938 der erste Film!

In den nächsten Tagen geht es fort von hier nach Engelberg am Vierwaldstättersee. Morgen beginne ich mit dem Einpacken. Etwas von meinen Sachen habe ich bekommen, nur vermisse ich die Pölster sehr, die in Verlust geraten sind.

Ich konnte mich hier in der Kanzlei nützlich machen. Ich schrieb Listen auf der Schreibmaschine und sah zu meiner Freude, dass ich noch immer flink schreiben kann. Dies gibt mir Hoffnung, dass ich mich doch noch einmal werde selbst ernähren können.

Das Waisenkind, das auf der Reise in die Schweiz so sehr nach seinem Kinderheim gejammert hat, wurde von einem jungen Ehepaar in Les Avants angenommen. Die Eltern lieben es, und das Kind hängt an seinem Papa. Doch als ich es einmal nach Theresienstadt fragte, kam ihm ein leises Erinnern und es hatte Tränen in den Augen. »Nun, hast Du die Äpfel gekriegt?«, fragte ich, um es abzulenken, »und Du hast gesagt, ich lüge?« »Ich hab Dir's nicht geglaubt!«, sagte das Kind. So unmöglich kam es ihm vor, einen Apfel zu bekommen.

14.3.1945

Wir sind in Engelberg! Nach der Quarantaine, die 4 Wochen gewährt hat, sind wir gestern hierher gekommen. Ein herrliches Stück Erde, hoch oben am Berg. Man fährt mit der Zahnradbahn einige hundert Meter steil herauf. Es war eine schöne Reise. Ich durchkreuzte beinahe die ganze Schweiz. In Luzern, wo ich nach 5 Jahren das erste Glas Bier getrunken habe, fuhren wir über den Vierwaldstädtersee. Der Kommandant von Les Avants begleitete uns, um zu sehen, wie wir untergebracht sind. Er war zufrieden und ich bin es auch. Wir sind vorzüglich verpflegt und, wäre nicht der mannhohe Schnee auf der Strasse und die Angst auszugleiten und zu stürzen, so könnte es nichts Idealeres geben.

Hier sind Ungarn in 2 Hotels, aber die Hoffnung, die Kinder hier zu treffen, hat sich nicht erfüllt. Ich will nur sehen, ob ich jemanden finde, der sie kennt.

18.3.1945

Bis auf die Kälte gefällt es mir hier sehr gut. Die Gegend ist herrlich. Vom Balkon aus habe ich eine wundervolle Aussicht auf das Gebirge, das zum Greifen nahe ist und Engelberg ringsherum einschliesst.

Zwei Besuche sind mir für Ostern angesagt. Der Schwiegersohn von Klara Grünwald, der mir ein Päckchen mit Seife, Zahnpasta und Würstchen schickte, und Dr. Pollak, von dem ich eine Anfrage nach seinen Verwandten in Theresienstadt erhielt und der sich als guter Bekannter von mir aus Wien entpuppte. Er sandte mir Lebensmittelmarken, damit ich mir Milch, Butter, Käse und Wurst zubessern kann, und 5 Francs, um die Dinge kaufen zu können. Für Brot ist leider keine Marke dabei, und das geht mir am meisten ab.

Hier ist es sehr gemütlich. Wir haben ein Gesellschaftszimmer mit Zeitungen, Radio und Klavier, das immer sehr besucht ist. Ich lese hier und schreibe, denn in den Zimmern ist es vor Kälte nicht auszuhalten. In der Schweiz sind leider die Kohlen rar. Das Essen ist gut zubereitet und auch reichlich. Trotzdem habe ich immer Hunger, weil die gute Luft zehrt und ich das Minus von Theresienstadt noch nicht nachgeholt habe. Übrigens habe ich bereits 8 kg zugenommen und wiege jetzt 54 kg.

11.4.1945

Ich arbeite hier in der Kanzlei und ausserdem bin ich in der Strickstube beschäftigt. Ich stricke Kinderstrümpfe und bringe jeden zweiten Tag einen Strumpf fertig. Wir sollen dafür einen Sold bekommen, das reizt mich am meisten dabei. Ostern hatte ich den Besuch von Klaras Schwiegersohn Rotter. Er war aber nur Karfreitag da, dann ist er weitergereist. Er ist sehr unglücklich darüber, dass er von seiner Frau und Tochter nichts hört, er zweifelt daran, dass sie noch leben, und ich bin seiner Meinung, nach all dem Schrecklichen, was man von den Deutschen hört. Dr. Pollak hat seine Reise verschieben müssen, weil er und seine Frau an Grippe erkrankten.

Ich mache schöne und weite Spaziergänge. Am liebsten allein. Die Angst, »beraubt« zu werden, ist geschwunden, denn das Einzige, was mir fehlt, ist Geld. Das, was ich an Sold bekomme, ist bei der hiesigen Teuerung viel zu wenig. 40 Rappen pro Tag, die jede Dekade ausbezahlt werden. Aber davon muss ich 10 Rappen täglich in die Sparkasse legen, und so kommt es, dass ich am Ende der Dekade nichts mehr in der Tasche habe. Wir haben Schokoladenmarken bekommen, und so konnte ich mir nach Jahren wieder einmal Schokolade und etwas Konfekt kaufen.

21.4.1945

Gestern hat mir Else telegraphisch 20 Dollar angewiesen. Ich bin doppelt froh darüber. Erstens, dass sie in Liebe an mich denkt, und dann, dass sie in der Lage ist, mir so viel Geld zu schicken. Meine Mutter hat immer gesagt: »Jede Woche backt ein anderer Brezel«, und sie hat recht gehabt. Das Geld liegt bei der Schweizerischen Volksbank, und ich hoffe, dass ich nicht allzu viel Schwierigkeiten haben werde, um es zu bekommen, denn Geld aus Amerika geht auf gesperrtes Konto.

Nächste Woche bin ich 6 Wochen hier und bekomme meinen ersten Urlaub für 3 Tage. Ich kann nach Luzern fahren oder im Heim verbleiben und bekomme pro Tag 6 frs. Ich bleibe im Heim. Erstens kann ich in der teuren Schweiz mit 6 frs nicht viel anfangen, wenn ich auch freie Fahrt habe, und dann brauche ich das Geld sehr dringend. Ich habe mir 9 frs Vorschuss genommen und ein Telegramm nach Cluy abgesandt. Ein Flüchtling aus Budapest, der im selben Heim mit mir wohnt, hat an seine Bank für mich telegrafiert, dass sie über Robert und Grete Erkundigungen einziehen soll.[107] Hoffentlich wird es Erfolg haben. Von Siegfried habe ich noch immer keine Nachricht, und man sagte mir, dass ein Brief nach Palästina sehr lange dauert, während ein Brief von dort hierher in ganz kurzer Zeit ankommt. Man sagte mir auch, dass der Brief vielleicht verloren gegangen ist und dass ich mehrmals schreiben müsse, um Antwort zu bekommen. Bei einem Porto von frs 1.30 ist das kein Spass für mich. Deshalb werde ich es auch nicht tun, sondern nach Haifa telegraphieren, sobald ich im Besitze des Urlaubsgeldes bin.

2.5.1945

Ich habe nach Haifa telegraphiert und ca. 9 frs, die zweite Hälfte meines Urlaubsgeldes, dafür hergegeben. Ich dachte bestimmt, dass mein Brief in Verlust geraten ist, denn meine Zimmergenossin, die später nach Haifa geschrieben hat als ich, hat bereits Antwort von ihren Verwandten. Also, ich telegraphierte und prompt am selben Abend kam Siegfrieds Brief an. Ich war so erregt, dass ich nicht imstande war, ihn selbst zu öffnen, und ich war glücklich, als ich seine Schrift gesehen habe. Auch Ida hat geschrieben. Sie freuen sich über meine Errettung und fragen nach meinen Absichten. Ich habe ihnen geschrieben, dass ich nach Haifa gehen möchte, aber ich weiss in Wirklichkeit noch nicht, was ich tun werde, wenn der Krieg zu Ende ist, bevor ich nicht weiss, was mit meinen Kindern ist. Aus Cluy ist noch keine Antwort da, man muss Geduld haben. Inzwischen hoffe ich, dass der Postverkehr mit Budapest wieder geöffnet wird.

Es schneit seit einer Woche. Der Schnee liegt fusshoch auf der Strasse. Alles ist weiss, die Berge, die Dächer, die Wiesen, die Laub- und Tannenbäume. Es ist ein schöner Anblick. Aber alles zu seiner Zeit.

107 Grete (Magarethe) Frank, geb. Rusz, wurde am 2. Juli 1901 geboren und war die Ehefrau von Camillas Sohn Robert. Sie überlebte gemeinsam mit ihrem Mann den Holocaust in Ungarn. Nach dem Krieg zogen die beiden zurück nach Wien. Grete starb am 18. November 1985.

7.5.1945

Mein Geburtstag ist wieder vorüber gegangen, ohne dass ich das Glück hatte, ihn mit meinen Kindern zu verleben. Wann endlich wird Frieden kommen, wann endlich wird all das Leid zu Ende sein. Nie kommt es einem so zum Bewusstsein, wie allein und verlassen man ist, als an Gedenktagen. Mila, die leider in einem andern Hotel untergebracht ist, kam zu mir in die Strickstube, um mir zu gratulieren. Ich war so gerührt, dass ich geweint habe. Auch Sardinen hat sie mir gebracht, das ist allerdings hier keine solche Kostbarkeit wie in Theresienstadt, aber eine Aufmerksamkeit. Auch andere Damen im Heim waren aufmerksam zu mir. Das Wetter hat umgeschlagen, es ist ein herrlicher Maientag. Der Schnee wieder weggeweht, aber der Frieden, den man diese Woche erwartet hat, ist noch nicht da.

Elses Geld ist mir noch nicht ausgezahlt worden. Ich wandte mich heute an das Polizei-Departement in Bern mit dem Ersuchen, den Betrag freizugeben.

9.5.1945

Frieden! Welch sonniges Wort! Gestern wurde das Ende des Krieges verkündet. Aber es ist doch nicht das reine Glück und die reine Freude, die ich mir all die Jahre vorstellte, wenn einmal das Schlachten zu Ende sein wird. Das kommt daher, dass man aus seiner Heimat gerissen ist und keine Aussicht hat, sie wiederzusehen. Was sollte man auch dort, wo einem Wohnung, Geschäft, Freunde und Verwandte, also alles genommen wurde. Das ungewisse Schicksal, das uns bevorsteht, ist der bittere Tropfen im Kelch der Freude, und mit 76 Jahren kann man schwer noch Wurzel fassen. Es steht kaum noch dafür. Jetzt warte ich nur noch auf Nachricht von Robert und Gretl. Wenn man all die Greuel liest und hört, die die Nazis verbrochen haben, wird einem angst und bange um die Seinen. Hoffentlich konnten sie sich vor diesem elenden Gelichter[108] in Sicherheit bringen. Wann endlich werde ich von ihnen hören. Diese Ungewissheit ist kaum zu ertragen!

Am Abend hatten wir eine Siegesfeier. Alle Flüchtlinge waren anwesend und die gesamte Lagerleitung, die schöne Ansprachen an uns hielt. Zuerst hörten wir durch das Radio die Glocken von Westminster läuten, dann eine Rede des Bundespräsidenten der Schweiz. Ein Flüchtling spielte sodann die Jubel-Ouvertüre und den Krönungs-

108 Gesindel

marsch aus »dem Propheten«. Meyerbeer kommt wieder zu Ehren. Nach verschiedenen Ansprachen und einer Dankeshymne endete die schöne Feier. Viele setzten sie bei einem Glase Bier im Gasthaus fort, aber ich war nicht in der richtigen Stimmung dazu und ging zu Bett.

Befreit!

Ein Lichtlein seh ich blinken,
am dunklen Waldessaum.
Es scheinet mir zu winken
aus einem Märchentraum.

Noch gestern war das Heute
trostloses Einerlei.
Wir der Verfolger Beute,
nun ist der Spuk vorbei.

Vorbei sind Not und Sorgen.
Versunken Müh und Qual.
Es kommt ein heller Morgen, –
Es kommt ein Sonnenstrahl!

5.6.1945

Annys Geburtstag! Ob sie noch lebt? Ich glaube nicht. Sie wird das Leben im Osten ohne Freund, ohne Stütze nicht ausgehalten haben. So eine Treibhauspflanze. – Else hat mir wieder geschrieben, und das Geld ist auch bereits angekommen. Auch den eigentlich ersten Brief von Siegfried habe ich inzwischen bekommen. Alle haben sie geschrieben: Ida, Franzl, Margit! Wie wohl tun einem ein paar herzliche Worte. Irma Mautner und Lilli Wallerstein[109] haben mir auch geschrieben, sie fragen nach ihrem Bruder Rudolf. Wie froh bin ich, ihnen gute Auskunft geben zu können. – Ich habe mich ans Rote Kreuz und an die Flüchtlingshilfe gewandt und um Recherche nach Robert und Gretl gebeten. Diese Ungewissheit ist fast schon nicht mehr zu ertragen.

109 Lilli Wallerstein, geb. Mautner, und Irma Mautner waren Schwestern und Verwandte der Familie Wolf. Irma wohnte bis an ihr Lebensende in den USA; Lilli wanderte nach Israel ein und lebte in Tel Aviv, wo sie verstarb.

15.7.1945

Heute sind es drei Jahre, dass ich in Theresienstadt angekommen bin. Es kommt mir vor, als wären es dreissig, so viele Ereignisse haben sich in diesen Zeitraum gedrängt. Mir geht es gut und, wenn die Sorge um die Kinder nicht wäre, könnte ich glücklich sein. Von Palästina und Amerika habe ich fleissig Nachricht, auch von Freunden in der Schweiz. Diese Woche war ich in Luzern. Wir haben alle 6 Wochen Urlaub von 4 Tagen, wo wir nach Luzern verreisen können, aber ich habe es aus pekuniären Rücksichten bisher unterlassen. Diesmal konnte ich es mir leisten, weil ich für Auszüge aus meinem Tagebuch, welche ich an die Presseabteilung der Flüchtlingshilfe sandte, 65 frs erhielt. Das ist doch schön! So war ich also in Luzern und habe dort mit Wiener Bekannten, die in Zürich leben, eine Zusammenkunft gehabt. Es war ein sehr schöner Tag, das erste Mal, dass ich mich mit Freunden aussprechen konnte. Sie schenkten mir auch wieder mehrere Koupons, für die ich Fleisch, Milch, Käse und Butter beziehen kann, was mir sehr lieb ist. Von den Koupons, die ich für meine Mahlzeiten mitbekam, habe ich mir auch etwas erspart, so dass ich jetzt nicht immer zuschauen muss, wenn andere sich etwas kaufen, was nur gegen Koupons zu bekommen ist. Dann bekam ich bei der Flüchtlingshilfe ein sehr hübsches modernes Sommerkleid für 10 frs, auch neue Schuheinlagen habe ich bekommen, die ich sehr notwendig brauche, und meinen Hut habe ich ausbügeln lassen, er hat es schon nötig gehabt.

Emmy Wolf, die geschiedene Frau von Hugo, hat mir aus Zürich einen sehr herzlichen Brief geschrieben. Ich bin direkt gerührt, besonders weil ich so etwas nie von ihr erwartet habe. Sie trägt mir ihre Hilfe an, und ich habe sie um Koupons und Strümpfe gebeten. Rudolf Kohn ist bereits wieder in Pardubitz, was ich von Amerika erfuhr. Man kann jetzt in die Tschechoslowakei telegraphieren, und wie ich frs 3.50 entbehren kann, werde ich dies tun, denn ich bin Rudolf sehr dankbar, ohne ihn wäre ich heute nicht in der Schweiz.

30.10.1945

Ich war in Zürich, habe meinen letzten Urlaub dort verbracht, aber ich hatte grosses Pech mit dem Wetter. Es regnete in Strömen und hörte erst auf, als ich bereits die Flucht ergriffen hatte und in Engelberg anlangte. Emmy Wolf hat mich abgeholt und in ein »Wiener Kaffeehaus« geführt, damit ich mich heimisch fühle. Heimisch! Welche Ironie! Sie hat mich auch wieder reich beschenkt, nachdem sie mir des Öfteren Pakete geschickt hat. Das ist ein Mensch, in dem ich mich gründlich getäuscht habe, nie hatte ich ihr diese Herzlichkeit und Güte zugetraut! Alfred Rotter hat mir auch einen Vormittag gewidmet. Die übrige Zeit verbrachte ich trotz des Regens im Besichtigen der schönen Stadt, auch habe ich die Flüchtlingshilfe aufgesucht, als ich meinen Namen nannte, sah ich zu meiner Überraschung, dass man mich kannte – von meinen Tagebuchblättern. Man hat auch gleich eine Kindergeschichte bei mir bestellt, zufällig habe ich eine solche auf Lager, und damit sind die Urlaubskosten hereingebracht. Als wir im März in Engelberg ankamen, habe ich eine Suchkarte wegen Gustav Hirsch, meinem Stiefsohn, der sich in London befindet, ausgefüllt. Jetzt hat er sich gemeldet. Er ist sehr beglückt, dass ich der Hölle entkommen bin. Die ganze Familie hat mir geschrieben und mir ein Kleid, Schuhe und Schokolade geschickt. Sie wollen mir helfen, Robert aufzufinden. Ich bin schon ganz verzagt!

31.12.1945

Endlich ist mir das Glück zuteilgeworden. Ich habe Nachricht von Robert und Grete. Sie sind in Wien, haben viel durchgemacht, weit mehr als ich! Und sind auch jetzt mit dem Elend nicht fertig. Das ist der Wermutstropfen im Freudenbecher! Sie sind mit dem Wien von jetzt gar nicht zufrieden, die Zustände und der Judenhass sind schlimmer als früher. Sie kamen nach Wien, um mich und Greterls Familie zu finden. Leider ist Greterls Mutter nicht mehr am Leben, ermordet von den Nazi! Ihre Schwester verschollen, aber der Bruder ist da und seine junge Frau. Ebenso wie ich von ihnen, haben sie seit mehr als einem Jahr keine Nachricht von mir gehabt. – – Gustav hat von London aus an 2 Adressen in Budapest telegraphiert, und ein Bekannter hat sie ihnen mitgebracht, beziehungsweise die Depesche. Die Kinder sind ebenso glücklich, mich gefunden zu haben, wie ich es bin. Nur suchen sie mich in London, weil das Telegramm in meinem Namen abgefasst war. Fast gleichzeitig haben sie eines meiner zahllosen Nachforschungsschreiben aus der Schweiz bekommen, so haben sie eine Ahnung, dass ich auch in der Schweiz sein könnte, und Herr Heller, ein Geschäftsfreund von Robert, hat aus Wien einen Brief für mich mitgenommen, den ich jetzt erhalten habe, auf dem gleichen Weg gehen von mir Briefe und eine Liebesgabe, soweit ich dazu in der Lage war, an die Kinder ab. Wie mir Herr Heller am Telephon sagte, haben sie inzwischen auch eine Wohnung bekommen, hoffentlich wird man ihnen auch die Gelegenheit geben, sie mit dem Notwendigsten zu versehen. Ich weiss nichts von ihren Verhältnissen, nur dass man in Wien nicht arbeiten kann, und so mache ich mir jetzt weiter Sorgen. – Die Sorge, ob sie leben, wurde von der Sorge, wie sie leben, abgelöst. Aber ich will nicht undankbar sein. Sie leben! Das ist die Hauptsache und hoffentlich kommt auch der Tag, da ich sie wiedersehe. Das ist mein Wunsch zum letzten Tage des Jahres 1945.

EDITORISCHE NOTIZ

Die Textgrundlage bilden zwei Hefte, in die Camilla Hirsch ihre Erlebnisse vom 10. Juli 1942 bis zum 27. August 1942 (Heft 1) und vom 28. August 1942 bis zum 31. Dezember 1945 (Heft 2) eingetragen hat. Die Transkription folgt weitgehend der Handschrift, um die Eigenheiten des Originals, insbesondere die von Camilla Hirsch gepflogene österreichische Umgangssprache, zu bewahren. Dazu zählen etwa der im österreichischen Deutsch mögliche maskuline Gebrauch von »Kartoffel«, den die Verfasserin im Plural hauptsächlich ohne Endungs-n gebildet hat, oder individuelle Schreibungen wie »czechisch«, »Duchent« oder »Koupé«. Neben der Normierung der Datumsangaben wurden in erster Linie Interpunktions-, Rechtschreib- und Grammatikfehler, die den Lesefluss behindert hätten, behutsam den aktuellen Normen angepasst. Aufgelöst wurde auch der von der Verfasserin fast durchwegs verwendete sogenannte Nasalstrich (Reduplikationsstrich), der die Verdopplung bei den Konsonanten m und n (m̄, n̄) anzeigt.

Beibehalten wurde der durchgehende Verzicht auf das Eszett (scharfes S), auch, weil nicht auszuschließen ist, dass Camilla Hirsch ihren Plan wahrgemacht hat und die ursprünglichen Tagebuchaufzeichnungen während ihres Aufenthalts in der Romandie, dem frankophonen Teil der Schweiz, ins Reine geschrieben und an die lokale Rechtschreibung angepasst hat (vgl. Tagebucheintrag vom 18. August 1942). Gestützt wird diese Eventualität nicht nur durch die Verwendung französisierender Schreibungen wie »Douche« für »Dusche« oder »Quarantaine« für »Quarantäne«, sondern auch durch das überwiegend harmonische Schriftbild, das kaum Korrekturen aufweist.